Die Weltwirtschaft

Reclam Sachbuch

Partha Dasgupta

Die Weltwirtschaft

Eine kleine Einführung

Aus dem Englischen übersetzt
von Reiner Buchegger

Mit 15 Abbildungen

Philipp Reclam jun. Stuttgart

Für Aisha, Shamik und Zubeida
mit der Liebe ihres Baba

Titel der englischen Originalausgabe:
Partha Dasgupta: Economics. A Very Short Introduction.
Oxford / New York: Oxford University Press, 2007

RECLAMS UNIVERSAL-BIBLIOTHEK Nr. 18572
Die Übersetzung erscheint mit Genehmigung von Oxford
University Press, Oxford. This translation of *Economics – A Very
Short Introduction* originally published in English in 2007,
is published by arrangement with Oxford University Press
© 2007 Partha Dasgupta
Gestaltung: Cornelia Feyll, Friedrich Forssman
Gesamtherstellung: Reclam, Ditzingen. Printed in Germany 2009
ISBN 978-3-15-018572-8
www.reclam.de

Inhalt

Vorwort

Eine Einführung in die Volkswirtschaftslehre zu schreiben ist gleichzeitig einfach und schwierig. Es ist leicht, denn auf die eine oder andere Weise sind wir alle Ökonomen. So muss uns z. B. niemand erklären, was Preise sind – wir sind täglich mit ihnen konfrontiert. Experten müssen uns vielleicht erklären, warum Banken Zinsen für Spareinlagen zahlen oder warum Risikoaversion ein kompliziertes Konzept ist oder warum uns durch die Art der Vermögensmessung viel von dem verloren geht, was wir eigentlich messen wollen – jedoch ist uns keine dieser Problemstellungen völlig fremd. Da wir alle von der Wirtschaft betroffen sind, haben wir auch Vorstellungen darüber, was zu tun ist, wenn wir der Auffassung sind, dass etwas falsch läuft. Und wir haben sehr klare Vorstellungen, da unsere Ethik unsere politische Sichtweise steuert und unsere politische Sichtweise unsere wirtschaftlichen Ansichten prägt. Wenn wir über die Wirtschaft nachdenken, haben wir keinerlei Zweifel. Daher wirken dieselben Gründe, aus denen wir Ökonomie lernen wollen, als Hindernisse bei der Suche nach jenen Mechanismen, welche die Weltwirtschaft gestalten. Da sich jedoch die Wirtschaftswissenschaft zu einem großen Teil mit diesen Mechanismen beschäftigt – sie ist eine in höchstem Maße auf empirischer Evidenz aufbauende Sozialwissenschaft –, sollte es nicht überraschen, dass die unterschiedlichen Auffassungen, die Menschen in ökonomischen Streitfragen haben, letztlich in ihrer unterschiedlichen Interpretation der ›Tatsachen‹ liegen und nicht in ihren Wertvorstellungen. Deswegen ist es so schwierig, eine Einführung in die Volkswirtschaftslehre zu schreiben.

In meinen ersten Überlegungen zu diesem Buch plante ich, den Lesern einen Überblick über die Volkswirtschaftslehre zu bieten, wie sie in führenden ökonomischen Zeitschriften und Lehrbüchern dargestellt wird. Obwohl sich das analytische und empirische Wissen der Volkswirtschaftslehre im Laufe der letzten Jahrzehnte zu einem soliden Gebäude entwickelt hat, war ich mit der Auswahl der in den Lehrbüchern behandelten Inhalte ebenso unzufrieden – das Leben in armen ländlichen Regionen, also der ökonomische Alltag von rund 2,5 Milliarden Menschen, bleibt völlig unerwähnt – wie mit den in den führenden wirtschaftswissenschaftlichen Zeitschriften dominierenden Themen (die Natur kommt hier kaum als eine eigenständige Akteurin vor). Es dämmerte mir auch, dass mich die Oxford University Press beauftragt hatte, eine »sehr kurze«[1] Einführung in die Volkswirtschaftslehre zu verfassen, gibt es doch Lehrbücher der Ökonomie mit mehr als tausend Seiten! Es wurde mir klar, dass ich meinen ursprünglichen Plan aufgeben sollte, um dafür eine Darstellung der Art und Weise der *Argumentation* anzubieten, welche wir Ökonomen verwenden, um die uns umgebende soziale Wirklichkeit zu verstehen, und dann diese Argumentationsweise auf einige der dringlichsten Probleme anwenden, denen sich die Menschheit heutzutage gegenübersieht. Erst vor kurzem habe ich erkannt, dass ich das nur leisten könnte, indem ich meinen Diskurs um die unterschiedlichen Lebenswelten meiner beiden ›literarischen‹ Enkelkinder – Becky und Desta – herum aufbaue.

---

1 Der englische Untertitel aller Bände der Reihe lautet *A Very Short Introduction* (Anm. d. Übers.).

Beckys und Destas Leben sind grundverschieden, da sie beide aber *meine* Enkelinnen sind, glaube ich sie zu verstehen. Wichtiger ist, dass mir die Volkswirtschaftslehre geholfen hat, sie zu verstehen.

Die in der vorliegenden Arbeit entwickelten Gedanken wurden bereits in meinem Buch *Eine Untersuchung über Wohlstand und Armut* (*An Inquiry into Well-Being and Destitution*, Oxford 1993) gebildet und analysiert. Beim Schreiben dieses Buchs wurde mir bewusst, dass die Wirtschaftswissenschaft in zunehmendem Ausmaß meine ethischen Vorstellungen geformt hatte und meine Ethik ihrerseits wieder meine politischen Ideen. Da dies eine ungewöhnliche Kausalkette ist, war dieses vorher verfasste Buch viel formaler und um einiges ›schwieriger‹. Theoretische und empirische Fortschritte seit dieser Veröffentlichung haben mich davon überzeugt, den damals bezogenen Standpunkt heute noch stärker zu vertreten. Vieles verstehe ich heute besser als damals – einschließlich *warum* ich vieles nicht verstehe. Das vorliegende Werk ist eine natürliche Erweiterung meines vorigen Buchs.

Bei der Vorbereitung dieser Monographie profitierte ich in hohem Maße von der Korrespondenz und den Diskussionen mit Kenneth Arrow, Gretchen Daily, Carol Dasgupta, Paul Ehrlich, Petra Geraats, Lawrence Goulder, Timothy Gowers, Rashid Hassan, Sriya Iyer, Pramila Krishnan, Simon Levin, Karl-Göran Mäler, Eric Maskin, Pranab Mukhopadhay, Kevin Mumford, Richard Nolan, Sheilagh Ogilvie, Kirsten Oleson, Alaknanda Patel, Subhrendu Pattanaik, William Peterson, Hamid Sabourian, Dan Schrag, Priya Shyamsundar, Jeff Vincent, Martin Weale und Gavin Wright. Die hier vorgelegte Fassung lässt auch den Einfluss

all jener Kommentare erkennen, die ich zu einem voran-
gehenden Entwurf von Kenneth Arrow, Carol Dasgupta,
Geoffrey Harcourt, Mike Shaw, Robert Solow und Sylvana
Tomaselli erhielt. Sue Pilkington hat mich auf vielfältige
Weise bei der Vorbereitung der Veröffentlichung dieses
Buchs unterstützt. Ihnen allen bin ich sehr dankbar.

St. John's College, Cambridge
August 2006

Prolog

Beckys Welt

Die zehn Jahre alte Becky wohnt mit ihren Eltern und einem älteren Bruder in einer Kleinstadt in Amerikas Mittelwesten. Beckys Vater arbeitet in einer Anwaltskanzlei, die auf Fragen des Eigentumsrechts spezialisiert ist. Sein jährliches Einkommen schwankt mit dem Gewinn der Kanzlei, aber es fällt selten unter 145 000 $. Beckys Eltern lernten sich an der Universität kennen. Einige Jahre arbeitete ihre Mutter im Verlagswesen, nach der Geburt von Sam entschied sie jedoch, sich ganz der Familie zu widmen. Seit Becky und Sam zur Schule gehen, arbeitet sie

Abb. 1: Beckys Haus   (© John Henley / Corbis)

Abb. 2: Becky auf dem Schulweg
(© Monica Dalmasso / Stone / Getty Images)

ehrenamtlich in lokalen Bildungseinrichtungen. Die Familie wohnt in einem zweigeschossigen Haus, das aus vier Schlafzimmern, zwei Bädern im oberen Stockwerk und einer Toilette unten, einem großen Wohn-Esszimmer, einer modernen Küche und einem Gemeinschaftsraum im Keller besteht. Hinter dem Haus gibt es ein Grundstück – den Garten –, den die Familie in der Freizeit nutzt.

Obwohl das Haus teilweise mit einer Hypothek belastet ist, besitzen Beckys Eltern Aktien und Schuldverschreibungen, sie haben auch ein Sparbuch bei der lokalen

Zweigstelle einer Großbank. Beckys Vater und seine Kanzlei zahlen gemeinsam Beiträge für seine Pensionsversicherung. Auch zahlt er monatliche Raten in ein spezielles Programm seiner Bank ein, um das künftige Studium von Becky und Sam zu finanzieren. Die Familie hat Sach- und Lebensversicherungen. Beckys Eltern sagen manchmal, dass sie wegen der hohen Bundessteuern mit ihrem Geld sorgfältig umgehen müssen, und das tun sie auch. Dennoch besitzen sie zwei Autos; die Kinder fahren jedes Jahr in ein Sommerferienlager; danach fährt die Familie noch gemeinsam in den Urlaub. Beckys Eltern erwähnen auch immer wieder, dass die zukünftige Generation viel wohlhabender sein wird als sie selbst. Becky will zum Umweltschutz beitragen und besteht darauf, mit dem Rad zur Schule zu fahren. Sie möchte gerne Ärztin werden.

Destas Welt

Die etwa zehn Jahre alte Desta lebt mit ihren Eltern und fünf Geschwistern in einem Dorf im subtropischen Südwesten Äthiopiens. Die Familie wohnt in einer aus zwei Räumen bestehenden Lehmhütte mit einem Grasdach. Destas Vater baut Mais und Teff (ein nur in Äthiopien vorkommendes Getreide) auf einem halben Hektar Land an, das ihm der Staat zur Verfügung gestellt hat. Destas älterer Bruder hilft ihm bei der Feldarbeit und der Betreuung der Tiere, einer Kuh, einer Ziege und ein paar Hühnern. Die geringe Menge an Teff wird verkauft, um das Geldeinkommen zu erhöhen, der Mais hingegen wird zum größten Teil im eigenen Haushalt als Grundnahrungsmittel verbraucht.

Abb. 3: Destas Haus (© Mike Hughes Photography / Alamy)

Destas Mutter bebaut ein kleines Stück Land neben ihrem Haus mit Kohl, Zwiebeln und Enset (einer das ganze Jahr wachsenden Wurzel, die ebenfalls als Grundnahrungsmittel dient). Zur Aufbesserung ihres Haushaltseinkommens braut sie aus Mais ein Getränk. Da sie zusätzlich für Kochen, Putzen und die Kinderbetreuung zuständig ist, dauert ihr Arbeitstag meist vierzehn Stunden. Trotz der langen Arbeitszeit würde sie mit allen Arbeiten nie alleine zurechtkommen. (Da alle Zutaten roh sind, dauert schon das Kochen mindestens fünf Stunden.) Daher helfen Desta und ihre ältere Schwester ihrer Mutter im Haushalt und passen auch auf ihre jüngeren Geschwister auf. Ein jüngerer Bruder besucht zwar die Dorfschule, hingegen gingen weder Desta noch ihre ältere Schwester je zur Schule. Ihre Eltern können weder lesen noch schreiben, rechnen können sie jedoch.

Destas Haus hat keine Elektrizität und kein Fließwasser. Wo sie leben, sind Brunnen, Grasland und die Wälder im gemeinschaftlichen Besitz. Sie stehen allen Bewohnern in Destas Dorf zur Verfügung; Außenstehenden hingegen verwehren die Dorfbewohner die Nutzung. Jeden Tag holen Destas Mutter und die Mädchen Wasser, sie sammeln Holz als Brennmaterial und pflücken Beeren und Kräuter auf der Allmende, dem gemeinschaftlich genutzten Land. Destas Mutter klagt häufig, dass der Zeitaufwand und die Anstrengung zur Beschaffung ihres täglichen Bedarfs im Lauf der Jahre zugenommen haben.

Es gibt in der Nähe kein Geldinstitut, das Kredite oder Versicherungen anbietet. Da Begräbnisse eine teure Angelegenheit sind, ist Destas Vater vor längerer Zeit einer gemeinsamen Dorfversicherung (*iddir*) beigetreten, an die er monatliche Zahlungen leistet. Als Destas Vater die Kuh kaufte, die sie jetzt besitzen, brauchte er das gesamte Bargeld auf, das er gespart und zu Hause aufbewahrt hatte; zusätzlich musste er Geld von Verwandten borgen und versprechen, es zurückzuzahlen, wenn er es sich leisten konnte. Andererseits kommen seine Verwandten bei Bedarf zu ihm, um Geld zu borgen, das er ihnen gibt, so er welches hat. Destas Vater meint, dass solche Gegenseitigkeit, die er und die ihm Nahestehenden praktizieren, Teil ihrer Kultur sei. Er sagt auch, dass seine Söhne sein wichtigstes Aktivum seien, da sie diejenigen sein werden, die für ihn und Destas Mutter im Alter sorgen werden.

Abb. 4: Desta bei der Arbeit (© Sean Sprague / Still Pictures)

Laut ökonomischen Statistiken wird das Einkommen von Destas Familie nach Korrektur für die Unterschiede in den Lebenshaltungskosten zwischen den Vereinigten Staaten (USA) und Äthiopien auf rund 5500 $ pro Jahr geschätzt, wovon 1100 $ auf jene Produkte entfallen, die sie aus der Allmende gewinnen. Da jedoch die Niederschläge von Jahr zu Jahr sehr unterschiedlich ausfallen, unterliegt Destas Familieneinkommen starken Schwankungen. In schlechten Jahren ist das daheim gelagerte Getreide lange vor der nächsten Ernte aufgebraucht. Nahrungsmittel sind dann so knapp, dass sie alle schwächer werden, allen voran die jüngeren Geschwister. Erst nach der Ernte nehmen sie zu und kommen wieder zu Kräften. Immer wiederkehrende Hungersnöte und Krankheiten führen dazu, dass Desta und ihre Geschwister in ihrer Entwicklung beeinträchtigt sind. Im Lauf der Zeit haben Destas Eltern zwei Kinder in zartem Alter verloren, in einem Fall wegen Malaria, im anderen wegen Durchfall. Destas Mutter hatte auch einige Fehlgeburten.

Desta weiß sehr wohl, dass sie in fünf Jahren verheiratet werden wird (mit hoher Wahrscheinlichkeit an einen Bauern wie ihr Vater) und dann auf dem Grund und Boden ihres Mannes in einem der Nachbardörfer leben wird. Sie erwartet ein Leben, das dem ihrer Mutter sehr ähnlich sein wird.

Die Aufgabe des Ökonomen

Dass sich die Lebensumstände, welche Menschen für sich schaffen können, rund um den Globus gewaltig voneinander unterscheiden, ist allgemein bekannt. Dass Becky und

Desta einer äußerst unterschiedlichen Zukunft entgegen-
sehen, entspricht unseren Erwartungen, ja, wir sind vielleicht sogar bereit, das zu akzeptieren. Dennoch ist es
nicht ganz abwegig, sich vorzustellen, dass die beiden
Mädchen eigentlich einander sehr ähnlich sind. Beide spielen gerne, essen gerne und lieben Tratsch; sie sind beide in
ihre Familien eingebunden; sie wenden sich mit ihren
Sorgen an ihre Mütter; sie ziehen sich gerne schön an; und
beide sind fähig, enttäuscht, verärgert, glücklich zu sein.

Auch ihre Eltern ähneln einander. Sie kennen sich in ihrer jeweiligen Welt sehr gut aus. Sie sorgen für ihre Famili-
en, finden ausgeklügelte Wege, die stets wiederkehrenden
Probleme der Beschaffung von ausreichendem Einkommen und dessen Verteilung auf die Familienmitglieder zu
lösen – sowohl über die Zeit als auch für unvorhergesehe-
ne Fälle. Wenn man sich nun vornimmt, die tieferen
Gründe für die gewaltigen Unterschiede in ihren Lebensumständen zu analysieren, geht man am besten von den
sehr verschiedenen Möglichkeiten und Beschränkungen,
denen sich die Familien gegenübersehen, aus und davon,
dass in gewissem Sinne Destas Familie viel stärker eingeschränkt ist im Hinblick darauf, was sie erreichen kann, als
Beckys Familie.

Die Wirtschaftswissenschaft versucht vor allem jene
Prozesse sichtbar zu machen, die das Leben der Menschen
zu dem macht, was es ist. Unser Fach bemüht sich auch,
Möglichkeiten zur Beeinflussung dieser Prozesse aufzu-
zeigen, um die Perspektiven jener Menschen zu verbessern, die in ihren Handlungsmöglichkeiten massiv eingeschränkt sind. Die erste Strategie befasst sich mit der
Suche nach Erklärungen, während letztere versucht Hand-

lungsanleitungen zu erarbeiten. Die Volkswirtschaftslehre erstellt auch Prognosen über die zukünftigen Lebensbedingungen; wenn aber solche Vorhersagen ernst genommen werden wollen, dann müssen sie auf einem Verständnis der Prozesse aufbauen, welche das Leben der Menschen beeinflussen; deswegen hat der Erklärungsversuch Vorrang gegenüber der Prognose.

Der Rahmen, innerhalb dessen Erklärungen gesucht oder Empfehlungen gegeben werden, könnte ein Haushalt sein, ein Dorf, ein Bezirk, ein Land oder sogar die ganze Welt – das Ausmaß, in dem Personen oder Regionen zusammengefasst werden, reflektiert lediglich den Grad der Detaillierung, in dem wir die gesellschaftliche Wirklichkeit untersuchen wollen. Nehmen wir an, wir wollen verstehen, wie in einer Gemeinschaft die Nahrungsmittel unter den Mitgliedern einer Familie geteilt werden. Zweifellos wird das Haushaltseinkommen eine wichtige Rolle spielen; wir müssten jedoch auch in den Haushalt hineinschauen, wenn wir herausfinden wollen, ob die Nahrungsmittel nach dem Alter, dem Geschlecht und der Stellung im Haushalt verteilt werden. Wenn wir das bestätigt finden, dann sollten wir uns fragen, warum diese Faktoren eine Rolle spielen und welche Politikempfehlungen, wenn überhaupt welche, wir geben sollten. Angenommen, wir wollen hingegen wissen, ob die Menschheit insgesamt heute wohlhabender ist als vor fünfzig Jahren. Da es sich dabei um globale Durchschnitte handelt, ist es zulässig, Unterschiede innerhalb und zwischen den Haushalten zu glätten.

Auch im Zeitverlauf ist die Bildung von Durchschnitten erforderlich. Der Zweck einer Analyse und die Kosten der

Informationserfassung beeinflussen die Wahl der Zeitperiode, über die Durchschnitte gebildet werden. So wird z. B. die Volkszählung in Indien alle zehn Jahre durchgeführt. Häufigere Volkszählungen wären teurer und würden keine wesentlichen Zusatzinformationen bieten. Wenn wir jedoch Veränderungen in der Anzahl der verkauften Häuser zu verschiedenen Jahreszeiten analysieren wollen, so würde man sogar mit jährlichen Zahlen das Untersuchungsziel verfehlen. Monatliche Statistiken über Hausverkäufe sind ein beliebter Kompromiss zwischen dem Grad an Genauigkeit und den damit verbundenen Erfassungskosten.

Moderne Wirtschaftswissenschaft, worunter ich jene Art von Ökonomie verstehe, wie sie an den heute führenden Universitäten gelehrt und ausgeübt wird, geht vorzugsweise von unten nach oben vor: von den Individuen über Haushalte, Dörfer, Bezirke, Regionen, Staaten bis hin zur Weltwirtschaft. Die Millionen individueller Entscheidungen schaffen die Möglichkeiten, die jedem Einzelnen offenstehen, wenn auch in unterschiedlichem Ausmaß; sowohl theoretische Überlegungen, gesunder Menschenverstand als auch empirische Beweise belegen, dass unsere Handlungen eine Vielfalt an Auswirkungen haben. Manche dieser Konsequenzen sind beabsichtigt, viele entstehen hingegen unbeabsichtigt. Es gibt jedoch Rückwirkungen in der Form, dass diese Folgen ihrerseits wieder bestimmen, was die Menschen zukünftig machen können und auch machen wollen. Wenn Beckys Familie ihre Autos fährt oder Elektrizität verwendet oder wenn Destas Familie Abfälle kompostiert oder Holz verheizt, so verstärken sie die globale Kohlendioxidemission. Zweifellos sind ihre Beiträge vernachlässigbar klein, aber Millionen dieser winzigen Beiträge addieren sich zu einer beträchtlichen Menge mit Konsequenzen, die von allen Menschen wahrgenommen werden – wenn auch auf unterschiedliche Art und Weise. Diese Rückwirkungen können positiv sein, so dass der Beitrag insgesamt größer ist als die Summe der einzelnen Teile. Bemerkenswert ist, dass solche unbeabsichtigten Konsequenzen zu Ergebnissen führen können, wie etwa zu Preisen, bei denen die Nachfrage nach Gütern mehr oder weniger gleich dem Güterangebot ist.

Ich habe weiter oben Beckys und Destas Lebensumstände beschrieben. Um diese Lebensumstände zu verstehen, bedarf es jedoch mehr; dazu brauchen wir eine Analyse, die wiederum in der Regel weitere Beschreibungen erfordert. Um eine Analyse durchzuführen, müssen wir erstens vor allem die materiellen Aussichten aufzeigen, mit denen sich die Haushalte der Mädchen konfrontiert sehen – jetzt und in einer mit Unsicherheiten behafteten Zukunft. Zweitens müssen wir die Art und Weise ihrer Entscheidungen erfassen sowie die Abläufe, nach denen Millionen Haushalte, wie die von Becky und Desta, diese Entscheidungen treffen, woraus wiederum jene Gegebenheiten resultieren, denen sie sich dann alle gegenübersehen. Im Zusammenhang damit müssen wir, drittens, jene Umstände herausfinden, unter denen Familien ihre derzeitigen Lebensverhältnisse erbten.

Das ist insgesamt ziemlich viel, vielleicht allzu viel verlangt. Darüber hinaus kann uns noch ein Gedanke verfolgen: Wie können wir die gesellschaftliche Wirklichkeit überhaupt je verstehen, da wahrscheinlich alles mit allem zusammenhängt? Wenn uns jedoch diese Sorge erdrückt, dann werden wir niemals vorankommen. Jede mir vertraute Disziplin zeichnet Karikaturen der Realität, um sie verstehen zu können. Ein moderner Ökonom baut Modelle, die bewusst verkürzte Abbildungen der realen Phänomene sind. Es ist für uns Ökonomen gar nicht ungewöhnlich, sich auf ein oder zwei kausale Faktoren zu konzentrieren und alles andere auszuklammern, in der Hoffnung, dass wir dadurch verstehen können, wie nur diese Faktoren sich auswirken und wechselseitig beeinflussen. Der Ökonom John Maynard Keynes beschrieb unser Fach folgendermaßen: »Volkswirtschaftslehre ist eine Wissenschaft, die in Modellen denkt, verbunden mit der Kunst, jene Modelle zu wählen, die für die gegenwärtige Wirklichkeit relevant sind.«

Da Ökonomen messbare Größen behandeln (verzehrte Kalorien, gearbeitete Stunden, produzierte Tonnen Stahl, verlegte Kilometer Kabel, zerstörte Quadratkilometer Regenwald), sind ihre Modelle fast immer mathematische Konstrukte. Modelle können zwar in Worten ausgedrückt werden, Mathematik ist aber ein äußerst effizienter Ansatz, um die Struktur eines Modells zu formulieren – und noch bemerkenswerter, um die logischen Schlussfolgerungen des Modells herauszuarbeiten. Forschern im Bereich der angewandten Mathematik und der Physik war dies seit langem bekannt; Ökonomen haben eine derartige Forschungsstrategie erst in der zweiten Hälfte des 20. Jahrhunderts vorbehaltlos übernommen, ebenso wie verwandte Disziplinen wie die Ökologie. Die Kunst eines guten Modellbaus besteht darin, unter Fokussierung auf eine sehr kleine Anzahl kausaler Faktoren ein möglichst großes Verständnis für die Zusammenhänge zu entwickeln. Ich sage bewusst ›Kunst‹, da es keine Formel für die Erstellung eines guten Modells gibt. Der Lackmustest eines Modells besteht in seiner Fähigkeit, zwischen unterschiedlichen Erklärungen eines Phänomens zu differenzieren. Diejenigen Modelle, welche empirischen Tests standhalten, werden akzeptiert – zumindest eine Zeit lang –, bis zusätzliche Informationen verfügbar werden, die sie in Zweifel ziehen. In diesem Fall kehren die Ökonomen zum Reißbrett zurück, um bessere (nicht notwendigerweise größere!) Modelle zu entwerfen. Und so weiter.

Die von mir hier allzu knapp skizzierte Methodologie ermöglicht Ökonomen eine Art von Prognose zu erstellen, bei der es nicht um eine Vorhersage der Zukunft geht, sondern mit der prognostiziert werden kann, was aus jenen Zahlen hervorgehen wird, welche über die derzeitige Welt noch nicht erfasst worden sind. Das ist zwar ein riskantes Geschäft, wenn jedoch ein Modell Einsichten liefern soll, dann muss es wohl bessere Ergebnisse anbieten als lediglich eine Erklärung im Nachhinein.

Bis in die jüngste Zeit haben Ökonomen Wirtschaftsgeschichte auf dieselbe Art untersucht wie Historiker Sozialgeschichte und politische Geschichte. Sie versuchten herauszufinden, warum Ereignisse an einem Ort auf eine bestimmte Art zustande gekommen sind, indem sie die vermuteten Haupteinflussfaktoren identifizierten. Die Betonung lag dabei auf der Einzigartigkeit der analysierten Ereignisse. Ein klassisches Forschungsthema in dieser Tradition betraf die Frage, warum sich die erste industrielle Revolution im 18. Jahrhundert abspielte und warum sie in England stattfand. Erkennbar ist, dass diese Frage auf drei

Annahmen beruhte: Es *gab* eine erste industrielle Revolution; sie spielte sich im 18. Jahrhundert ab; und sie fand in England statt. Natürlich wurden alle drei Annahmen in Frage gestellt, aber es musste eine Unmenge an Arbeit geleistet werden, eben von jenen Wissenschaftlern, die durch historische Untersuchungen zu diesen Annahmen gelangten. In dieser Hinsicht ist die wissenschaftliche Literatur um diesen Fragenkreis eine der großen Leistungen der Wirtschaftsgeschichte.

In den letzten Jahren haben Ökonomen das Studium der Vergangenheit um einen statistischen Zugang ergänzt. Der neue Ansatz legt den Schwerpunkt auf die Allgemeingültigkeit der Prozesse, welche die Ereignisse prägen, und lehnt sich damit deutlich an die ökonomische Theorie an. Diese bezieht nämlich den Standpunkt, dass eine Theorie jene Wesensmerkmale sichtbar machen sollte, die für ökonomische Abläufe allgemein gültig sind, an unterschiedlichen Orten, zu verschiedenen Zeiten. Zugegeben, keine zwei Wirtschaftssysteme gleichen einander, moderne Ökonomen arbeiten jedoch mehr auf Basis der Allgemeinheit menschlicher Erfahrungen, nicht ihrer Unterschiedlichkeit. Angenommen, wir wollen jene derzeit vorherrschenden Charakteristika von Destas Welt und Beckys Welt erkennen, die am besten erklären, warum der Lebensstandard in ersterer so viel niedriger ist als in letzterer. Eine Vielzahl ökonomischer Modelle sagt uns, dass diese Charakteristika durch die Variablen X, Y und Z erfasst werden können. Man schlägt dann X, Y und Z in internationalen Statistiken für eine Stichprobe von vielleicht 149 Ländern nach. Die Zahlen unterscheiden sich von Land zu Land, wir betrachten jedoch die Variablen als in allen Län-

dern gemeinsame Einflussgrößen. Mit anderen
wir sehen die 149 Länder als parallele Volkswir
an; und jene Einflussgrößen, die länderspezifisch sind,
handeln wir als spezifische Eigenart des jeweiligen Landes.
Natürlich können wir diese Eigenarten nicht völlig frei auf
jede beliebige Art modellieren. Statistische Theorie – die
in unserem Zusammenhang ›Ökonometrie‹ genannt wird –
setzt Grenzen bei deren Modellierung.

Mit den Daten der Stichprobe von 149 Ländern kann
man nun testen, wie weit man darauf vertrauen kann, dass
X, Y und Z die für den Lebensstandard bestimmenden
Faktoren sind. Angenommen die Tests sagen uns, dass wir
uns dessen sicher sein können. Dann werden uns die Daten durch zusätzliche Analysen auch Aufschluss darüber
geben, wie viel der Variation der Lebensstandards in der
Stichprobe durch die Variation von X in der Stichprobe,
durch die Variation von Y und durch die Variation von Z
erklärt wird. Diese Anteile vermitteln einen Eindruck über
die relative Bedeutung der einzelnen Faktoren, welche den
Lebensstandard bestimmen. Nehmen wir an, dass 80 %
der Variation im Lebensstandard durch die Variable X erklärt werden kann, die verbleibenden 20 % durch Variatio-
nen in Y und Z. Es wäre nicht ungerechtfertigt, daraus den
vorläufigen Schluss zu ziehen, dass X die hauptsächliche
Erklärungsvariable ist.

Es bestehen große Probleme der Anwendung von Statistik auf ökonomische Daten. So könnte aus der Gesamtheit ökonomischer Modelle folgen, dass vielleicht nicht
weniger als 67 Einflussfaktoren den Lebensstandard bestimmen (und nicht nur X, Y und Z). Wir haben aber nur
eine Stichprobe von 149 Ländern. Jeder Statistiker wird

ins belehren, dass 149 eine zu kleine Zahl ist, um die Bedeutung von 67 Faktoren zu entwirren. Und es gibt noch andere Probleme, die Ökonometriker beschäftigen. Bevor wir jedoch die Statistik wieder verlassen und rasch zum erzählenden Stil der empirischen Diskussion zurückkehren, sollten wir uns fragen, warum jemand der historischen Erzählung eines Wissenschaftlers eher glauben sollte als jener eines anderen. Man könnte sich auch fragen, ob man nicht durch die literarische Eleganz einer Wissenschaftlerin bei der Einschätzung ihrer Arbeit beeinflusst wurde. Nun versichert uns jemand, dass sogar die Autorin einer historischen Erzählung ein Modell im Hinterkopf hat. Und diese Person informiert uns, dass das Modell der Autorin die Auswahl der in ihrer Arbeit präsentierten Evidenz beeinflusste und dass diese Auswahl erst nach Durchsicht einer großen Menge an Evidenz getroffen wurde. Darauf fragen wir, wie wir beurteilen sollten, ob das von ihr entworfene Modell besser als das einer anderen Person ist. Was uns zum Problem des Testens von alternativen Modellen sozialer Phänomene zurückbringt. Im nächsten Kapitel werden wir herausfinden, dass historische Berichte weiterhin eine wichtige Rolle in der modernen Wirtschaftswissenschaft spielen, dass sie jedoch in Verbindung mit der Entwicklung von Modellen und ökonometrischen Tests verwendet werden.

Es gibt implizite Annahmen, die den ökonometrischen Tests zugrunde liegen und die nur sehr schwer einzuschätzen sind (die Modellierung länderspezifischer Eigenarten ist nur eine davon). Daher sind ökonomische Statistiken häufig etwas diffus. Es ist durchaus nicht ungewöhnlich, dass einige konkurrierende Modelle nebeneinander bestehen, wobei jedes Modell seine Anhänger hat. Modellentwürfe, Datenverfügbarkeit, historische Darstellungen und neue Entwicklungen der ökonometrischen Methoden verstärken einander. In der Formulierung des Ökonomen (und Nobelpreisträgers) Robert Solow: »Fakten verlangen nach Erklärungen und Erklärungen verlangen nach neuen Fakten.«

In dieser Monographie möchte ich zuerst ein Gefühl dafür vermitteln, wie wir Wirtschaftswissenschaftler vorgehen, um die ökonomischen Prozesse zu entziffern, welche die Lebensumstände von Becky und Desta bestimmen. Dazu möchte ich mich mit drei Arten von Fragen befassen, die wir weiter oben als wichtig erkannt haben. Ich werde dann erklären, wozu wir Wirtschaftspolitik brauchen und wie wir vorgehen sollten, um gute Wirtschaftspolitik zu erkennen. Im Verlauf dieser Analysen werden wir sicherlich Modelle entwerfen, ich werde sie jedoch meistens verbal darstellen. Ich werde mich auch auf empirische Ergebnisse beziehen, aus der Anthropologie, Demographie, Geographie, Ökologie, Politikwissenschaft, Soziologie und natürlich auch aus der Wirtschaftswissenschaft selbst. Die Perspektive, aus der wir die Gesellschaft betrachten, wird jedoch die Wirtschaftswissenschaft sein. Wir werden eine Position hinsichtlich der Lebensverhältnisse beziehen, welche die Allokation knapper Ressourcen in den Mittelpunkt rückt – zwischen Zeitgenossen und über die Generationen hinweg. Meine Absicht ist, die Leser auf eine Reise mitzunehmen, während der wir herausfinden wollen, wie weit wir die soziale Wirklichkeit um uns und darüber hinaus verstehen können.

1 Die Makroökonomie in historischer Betrachtung

Ich behauptete, dass wir, um die Lebensverhältnisse von Becky und Desta zu verstehen, vor allem den Weg nachzeichnen müssen, auf dem ihre Familien in ihre derzeitigen Lebensumstände gelangten. Das ist eine Aufgabe für die Wirtschaftsgeschichte. Wenn wir äußerst ambitioniert sein wollten, dann könnten wir die Geschichte aus einer sehr langen Perspektive betrachten – beginnend mit den Anfängen der Sesshaftigkeit und des Ackerbaus im nördlichen Teil des ›Fruchtbaren Halbmonds‹ (etwa im Südosten der heutigen Türkei) vor rund elftausend Jahren – und versuchen zu erklären, warum viele der Innovationen und Praktiken, welche in zunehmendem Maße zur Entstehung von Beckys Welt beigetragen haben, in Destas Welt keinen Eingang gefunden oder nicht Fuß gefasst hatten.

Viele Wissenschaftler haben genau das versucht. So hat z. B. der Geograph Jared Diamond argumentiert, dass die Einwohner des Superkontinents Eurasien zwei wesentliche Vorteile gegenüber jenen Menschen hatten, die anderswo lebten. Erstens liegt Eurasien, zum Unterschied von Afrika und Amerika, entlang einer Ost-West-Achse in einer gemäßigten Klimazone und hat keinerlei mächtige Gebirge oder weite Wüsten, welche die Verbreitung von Menschen, Ideen, Samen und Tieren behinderten. Zweitens war Eurasien mit einer Vielzahl von domestizierbaren Tierarten gesegnet, die es den Menschen ermöglichte, Tätigkeiten auszuüben, die sie alleine nicht vermocht hätten. Volkswirtschaften wuchsen und schrumpften in unterschiedlichen Teilen Eurasiens zu verschiedenen Zeiten –

einmal Indien, dann China, dann wieder Persien, später die islamische Welt, einmal die eine Region in Europa, dann wieder eine andere –, die Größe und Ausrichtung des Superkontinents bedeutete, dass die Errungenschaften der Menschheit in den vergangenen elftausend Jahren sich eher wie die Finanzmärkte verhielten: Rückschläge in einigen Regionen wurden aufgewogen durch Wachstum in anderen. Im 16. Jahrhundert war die technologische Lücke zwischen den seefahrenden Nationen in Westeuropa und Amerika so groß, dass eine Kombination von Kanonen, Stahl und europäischen Bazillen es einer winzigen Gruppe von Invasoren ermöglichte, die Neue Welt zu erobern. Beckys äußerst erfolgreicher Teil der Welt ist in Wirklichkeit das Ergebnis einer gesellschaftlichen Transplantation vor weniger als fünfhundert Jahren.

BIP als Messlatte

Um von Erfolg und Misserfolg sprechen zu können, was wir ja hier machen, brauchen wir eine Messlatte. Die heutzutage am meisten verwendete ist das Bruttoinlandsprodukt pro Einwohner oder Pro-Kopf-BIP. Das Konzept ist eine Erfindung der Ökonomen, die auch auf seine zahlreichen Grenzen hingewiesen haben; aber, ob man es will oder nicht, der Begriff hat sich im öffentlichen Bewusstsein so festgesetzt, dass beim Ausruf ›Wirtschaftswachstum!‹ niemand fragen muss, »was für ein Wachstum?« – alle wissen, dass damit Wachstum des ›realen‹ BIP pro Kopf gemeint ist, also das Wachstum des Pro-Kopf-BIPs, bereinigt um Inflation oder Deflation.

Das BIP eines Landes ist der Wert aller für den Endverbrauch bestimmten Güter, die von dessen Einwohnern in einem bestimmten Jahr hergestellt werden. Es ist ein Maß des gesamten Outputs einer Volkswirtschaft. Wenn aber ein Gut produziert und verkauft wird, dann endet der dafür bezahlte Preis in irgendjemandes Tasche. Man kann daher das BIP auch durch die Addition der Einkommen aller Einwohner berechnen – Löhne, Gehälter, Zinsen, Gewinne und Einnahmen des Staates. BIP und Volkseinkommen sind somit zwei Seiten derselben Münze.

Obwohl oft behauptet wird, das BIP messe das Vermögen, so stimmt das nicht. BIP ist eine ›Stromgröße‹ (Euro pro Jahr z. B.), wohingegen Vermögen eine ›Bestandsgröße‹ ist (einfach Euros). Da das Konzept des BIP ursprünglich für eine Marktwirtschaft entwickelt wurde, wurden die Güter zu Marktpreisen bewertet. Durch die raffinierte Konstruktion von imaginären Preisen (›Schattenpreise‹ genannt; vgl. Kap. 7 und 8) haben Ökonomen das BIP auch an Volkswirtschaften wie jene Destas angepasst, in denen ein Großteil der wirtschaftlichen Aktivitäten nicht über die Institution des Marktes abgewickelt wird. Durch eine solche Bewertung der Nahrungsmittel, die von der lokalen Allmende in Destas Dorf stammen, gelangten Wirtschaftsstatistiker zum Schluss, dass der Wert aller direkt von den natürlichen Ressourcen ihrer Gemeinschaft stammenden Güter einem Fünftel ihres Haushaltseinkommens entspricht – eine Zahl, die ich bei der Beschreibung von Destas Welt erwähnte.

Nach Bereinigung um die unterschiedlichen Lebenshaltungskosten quer durch die ganze Welt beträgt das globale Pro-Kopf-Einkommen derzeit etwa 8000 $ pro Jahr. Während des Großteils der Vergangenheit war die Menschheit jedoch von tiefer Armut gezeichnet. Der Wirtschaftsstatistiker Angus Maddison schätzte auf Grundlage der vorliegenden bruchstückhaften Anhaltspunkte, dass zum Beginn unserer Zeitrechnung das jährliche Pro-Kopf-Einkommen der Welt zu heutigen Preisen etwa 515 $ betrug. Wenn Maddisons Schätzung auch nur annähernd korrekt ist, so bedeutet das, dass der Durchschnittsmensch vor zweitausend Jahren über nicht viel mehr als einen Dollar pro Tag verfügte, einen Betrag, der nach den Kriterien der Weltbank als jene Grenze angesehen wird, unter der man in extremer Armut lebt. Maddison hat auch darauf verwiesen, dass die Einkommen vor zweitausend Jahren auffallend gleichmäßig verteilt waren: fast überall war jeder sehr arm. Die von ihm vorgelegten Zahlen besagen außerdem, dass das durchschnittliche Welteinkommen und die regionale Einkommensverteilung im Jahr 1000 n. Chr. so ziemlich dieselben waren wie tausend Jahre zuvor. Es scheint, als würden regionale Unterschiede erst ab dem Beginn des 19. Jahrhunderts Bedeutung erlangen: das Pro-Kopf-Einkommen in Westeuropa hatte damals das Dreifache von dem in Afrika erreicht. Das Welteinkommen betrug aber noch immer zu heutigen Preisen lediglich 755 $ pro Jahr, das heißt, es ist innerhalb eines Zeitraums von eintausendachthundert Jahren nur um weniger als 50 % gestiegen, was einer jährlichen Wachstumsrate von unter 0,02 % entspricht. Diese Zahl ist nach derzeitigen Standards extrem niedrig: In den vergangenen vier Jahrzehnten hatten wir eine jährliche Wachstumsrate des Pro-Kopf-Einkommens von rund 2 %. (Eine nützliche Formel, die man sich merken sollte, besagt, dass bei einem Wachstum – oder bei einer

Schrumpfung – irgendeiner Größe mit einer jährlichen Rate von g % diese Größe sich ungefähr alle 70/g Jahre verdoppelt – oder halbiert. Beispiele: Das BIP pro Kopf würde sich alle fünfunddreißig Jahre verdoppeln, wenn es mit einer jährlichen Rate von 2 % wächst, und alle hundertvierzig Jahre halbieren, wenn es mit einer jährlichen Rate von 0,5 % schrumpft.)

Große regionale Einkommensunterschiede sind also weniger als zweihundert Jahre alt. Das Verhältnis der Durchschnittseinkommen zwischen den USA und Afrika ist von 3:1 zu Beginn des 19. Jahrhunderts auf heutzutage mehr als 20:1 gestiegen – oder auf ungefähr 38 000 $ verglichen mit 1850 $ pro Jahr. Das reale BIP pro Kopf ist in den USA innerhalb von zweihundert Jahren auf das Dreißigfache angewachsen, was einer jährlichen Wachstumsrate des Einkommens je Einwohner von rund 1,7 % entspricht. In traurigem Kontrast dazu ist das Pro-Kopf-Einkommen in Äthiopien heute mit etwas mehr als 700 $ pro Jahr ungefähr gleich hoch wie vor zweihundert Jahren, eine Tatsache, die sich in den Unterschieden niederschlägt, die wir in den Pro-Kopf-Einkommen der Haushalte von Becky bzw. Desta festgestellt haben.

Wenn man die Länder entsprechend ihrem heutigen BIP pro Kopf anordnete, würde man zwei Gruppen finden: eine arme (Destas Welt), eine andere reiche (Beckys Welt). Es gibt einige Nationen mit mittlerem Einkommen, die in geringer Zahl zwischen den Extremen angesiedelt sind (China, Brasilien, Venezuela und Argentinien sind einige prominente Beispiele), aber eine große Gruppe von Ländern (in Afrika südlich der Sahara, im Indischen Subkontinent, in Südostasien, Melanesien und

Zentralamerika) – mit einer Gesamtbevölkerung von 2,3 Milliarden – bringt es auf einen Durchschnitt von 2100 $ pro Jahr und Einwohner, während eine andere kleinere Gruppe (Europa, Nordamerika, Australien und Japan) – mit einer Gesamtbevölkerung von knapp unter einer Milliarde – sich eines jährlichen Durchschnittseinkommens von 30 000 $ erfreut. Die Welt scheint polarisiert. Außerdem gibt es, mit der möglichen Ausnahme von Indien, nur wenig Anzeichen, dass die arme Welt in absehbarer Zeit die reiche Welt einholen wird. In den reichen Ländern ist das reale Pro-Kopf-BIP in den vergangenen vier Jahrzehnten mit einer durchschnittlichen jährlichen Rate von 2,4 % gewachsen, während es in den armen Ländern um 1,8 % gewachsen ist (Abb. 5). Schlimmer noch, Afrika südlich der Sahara musste während der vergangenen vier Jahrzehnte eine geringe Schrumpfung des realen BIP pro Kopf hinnehmen.

Im Unterschied zu armen Ländern macht in der reichen Welt die landwirtschaftliche Produktion nur einen kleinen Teil des Volkseinkommens aus. Der Anteil der Landwirtschaft am BIP beträgt etwa 25 % in der armen Welt, gegenüber weniger als 5 % in den reichen Ländern. Weniger als 10 % der Bevölkerung der reichen Länder leben in ländlichen Gebieten. Im Gegensatz dazu leben mehr als 70 % der Menschen armer Länder in Dörfern (Abb. 5). Das führt zur Überlegung, dass Menschen in armen Ländern hauptsächlich in Volkswirtschaften arbeiten, die ihre Produktionsinputs direkt aus der Natur beziehen – ihre Wirtschaft ist ›Biomasse-basiert‹. Ökologie ist damit ein unmittelbares Anliegen für die Armen der Welt, auf eine völlig andere Art und Weise als für die Reichen dieser Welt.

Vor kurzem versuchte das Entwicklungsprogramm der Vereinten Nationen (*United Nations Development Program*, UNDP) die Basis zur Messung des Lebensstandards zu erweitern. Dazu wurde ein numerischer Index aus einer Kombination des BIP pro Kopf, der Lebenserwartung bei Geburt und der Alphabetisierungsquote konstruiert. UNDP hat dafür die Bezeichnung ›Index des menschlichen Entwicklungsstandes‹ (*Human Development Index*, HDI) gefunden. Mit ein paar Ausnahmen ist der HDI wiederum in armen Ländern niedrig, hoch in reichen Ländern (Abb. 5).

Naheliegende Gründe für die Unterschiede zwischen den Welten von Becky und Desta

Was ermöglicht den Menschen in Beckys Welt, so viel reicher zu sein als die Menschen in Destas Welt? Einige Befunde bieten sich von selbst an.

In reichen Ländern können die Menschen mit besseren Werkzeugen arbeiten (elektrische Bohrmaschinen sind leistungsfähiger als Spitzhacken; Traktoren sind Pflügen überlegen; und die moderne Medizin ist um vieles wirksamer als traditionelle Heilmethoden). Ein Argument lautet daher, dass die Akkumulation von physischem Kapital (genauer, produziertem Kapital) in Beckys Welt einen wesentlichen Beitrag zum hohen Lebensstandard geleistet hat, dessen sich die Menschen dort erfreuen. Das könnte die Variable X sein, die ich im Prolog anführte, um zu veranschaulichen, wie sich ökonomische Theorie und angewandte Ökonomie miteinander verbinden.

Andere Forscher haben festgestellt, dass die Bevölkerung in reichen Ländern viel besser ausgebildet sei, was bedeutet, dass sie Innovationen bei der Produktion von Gütern umsetzen konnten, was für Länder unerreichbar ist, in denen ein Großteil der Menschen Analphabeten sind. Ein grober Bildungsindikator ist der Anteil der Erwachsenen (fünfzehn Jahre und älter), die lesen und schreiben können, welcher in der reichen Welt über 95 % liegt, in der armen Welt hingegen nur 58 % beträgt (Abb. 5). Ungleichheiten zwischen den Geschlechtern sind in der armen Welt wesentlich größer als in der reichen. Der Anteil der erwachsenen Frauen, die lesen und schreiben können, beträgt in armen Ländern 48 %, in der reichen Welt ist der entsprechende Anteil in etwa gleich hoch wie jener der Männer, nämlich mehr als 95 % (Abb. 5).

Gesundheit hängt ebenfalls mit Bildung zusammen. Die Lebenserwartung in reichen Ländern liegt derzeit bei 78 Jahren, in den armen Ländern beträgt sie hingegen nur 58 Jahre. Jedes Jahr sterben von 1000 Kindern zwischen 0 und 5 Jahren etwa 120 in der armen Welt; die entsprechende Zahl für die reichen Länder ist 7 (Abb. 5).

Sauberes Wasser und gute Hygiene haben die Sterblichkeit in den reichen Ländern wesentlich reduziert. Etwa ein Viertel der Bevölkerung in der armen Welt leidet an Unterernährung, in den reichen Ländern ist die entsprechende Zahl vernachlässigbar klein. Da Unterernährung und die Anfälligkeit für Infektionen einander verstärken, hängen Unterernährung und Sterblichkeit eng zusammen. Es gibt Belege dafür, dass Unterernährung während der frühen Kindheit die Entwicklung der kognitiven Fähigkeiten beeinflusst. Zusammenfassend bedeutet das, dass eine

	Reiche Länder	Arme Länder
Bevölkerung (in Milliarden)	1	2,3
BIP pro Kopf (in Dollar)	30 000	2100
Index des menschlichen Entwicklungsstandes (HDI)	hoch	niedrig
Jährliche Wachstumsrate der Bevölkerung: 1966–2004	0,8%	2,4%
Jährliche Wachstumsrate des BIP pro Kopf: 1966–2004	2,4%	1,8%
Gesamtgeburtenrate (TFR)	1,8	3,7
Lese- und Schreibfähigkeit (der Frauen)	95% (95%)	58% (48%)
Index der öffentlichen Korruption	niedrig	hoch
Lebenserwartung bei Geburt (in Jahren)	78	58
Sterblichkeit der Kinder unter 5 Jahren (pro 1000 Einwohner zwischen 0 und 5 Jahren)	7	120
Anteil der Bevölkerung in ländlichen Gebieten an der Gesamtbevölkerung	10%	70%
Anteil der Landwirtschaft am BIP	5%	25%

Abb. 5: Reiche und arme Länder
(Quelle: *World Development Indicators* [Weltbank, 2005])

durchschnittliche Person in der reichen Welt in der Lage ist, Arbeit von deutlich höherer Qualität während einer wesentlich längeren Dauer zu leisten als sein Ebenbild in einem armen Land. Bildung und Gesundheit werden ›Humankapital‹ genannt. Wissenschaftliche Arbeiten, die auf die Pioniere Theodore Schultz und Gary Becker zurückgehen, zeigen, dass die Bildung von Humankapital ein wesentlicher Einflussfaktor für den hohen Lebensstandard ist, dessen sich die Bevölkerung in Beckys Welt heutzutage erfreut. Das könnte die im Prolog angeführte Variable Y sein.

Viele Wirtschaftswissenschaftler betrachten jedoch die Produktion neuer Ideen als den Haupteinflussfaktor für den wirtschaftlichen Fortschritt. Sie behaupten, dass die reichen Länder nicht nur deswegen reich geworden sind, weil sie Ideen zur Produktion neuer Produkte hatten (Druckerpresse, Dampfmaschine, Elektrizität, chemische Produkte, Computer), sondern auch durch kostengünstigere Produktion bestehender Produkte (Transport, Bergbau). Natürlich verbinden sich Bildung sowie wissenschaftlicher und technischer Fortschritt zu einer ökonomischen Macht. Primäre und sekundäre Bildung allein bringen die Gesellschaft heutzutage nicht weiter. Ein Land, in dem die universitäre Bildung unzureichend ist, hätte eine Bevölkerung, welche die am weitesten fortgeschrittene Technologie nicht nutzen könnte. Ebenso kann heutzutage wissenschaftlicher und technischer Fortschritt nicht ohne Menschen mit höherer Bildung erzielt werden. Neue Ideen könnten die im Prolog erwähnte Variable Z sein.

Damit hängt auch ein Problem zusammen, das viel umstrittener ist, als es sein sollte: Bevölkerungswachstum. Schon bloße Intuition legt nahe, dass zur Aufrechterhaltung des Lebensstandards bei raschem Bevölkerungswachstum die Wachstumsrate des Kapitalvermögens ebenfalls hoch sein muss. Wenn in zwei Ländern die Neigung zur Akkumulation von physischem und Humankapital gleich hoch ist und wenn zunehmende Kapitalakkumulation deren Kosten nicht verringert, dann können wir erwarten, dass das Land mit dem langsameren Bevölkerungswachstum sich langfristig eines höheren Lebensstandards erfreuen wird. Seit Mitte der sechziger Jahre ist die Bevölkerung in jenem Teil der Welt, der heute arm ist, mit einer durchschnittlichen Rate von rund 2,4 % pro Jahr gewachsen, die entsprechende Zahl für die reiche Welt beträgt etwa 0,8 % (Abb. 5). Das ist ein sehr großer Unterschied. Demographen stimmen darin überein, dass – unter Beachtung anderer Einflussfaktoren – in Ländern mit einem während der letzten Jahrzehnte hohen Bevölkerungswachstum nur ein langsames Wachstum des BIP pro Kopf beobachtbar war. Wir werden weiter unten feststellen, dass hohes Bevölkerungswachstum in den heute armen Ländern auch einen enormen Druck auf ihre Umwelt ausübte, was zusätzliche Probleme für die Bevölkerung im ländlichen Raum schuf.

Das Bevölkerungswachstum eines Landes hängt aber nicht nur von der Nettoreproduktion ab, sondern auch von der Nettoimmigration und der Altersverteilung. Um den Effekt der Nettoreproduktion zu isolieren, arbeitet man üblicherweise mit der ›Geburtenrate‹, genauer gesagt mit der ›Gesamtgeburtenrate‹ (*Total Fertility Rate*, TFR), die angibt, wie viele Kinder eine Frau im Laufe ihres Lebens gebären wird. Angenommen die Eltern wollen eine bestimmte Anzahl von überlebenden Kindern haben. Dann sollte die Geburtenrate zurückgehen, sobald die Sterblichkeitsrate der Kinder unter 5 Jahren zu sinken beginnt. Demographen rätseln darüber, warum die Geburtenraten in den heute armen Ländern langsamer als erwartet gesunken sind. Den ersten bekannten Rückgang der Geburtenraten im Nordwesten Europas (insbesondere in England und Frankreich) finden wir im 17. Jahrhundert, als diese Rate von ungefähr 7 auf 4 sank (vgl. Kap. 6). Aktuell beträgt die Geburtenrate in der reichen Welt 1,8 (also unter 2,1, jener Zahl, bei der die Bevölkerung langfristig konstant bleiben würde), während sie in der armen Welt bei 3,7 liegt (Abb. 5). Trotz eines signifikanten Rückgangs der Kindersterblichkeit bleibt die TFR in einer Reihe von schwarzafrikanischen Ländern zwischen 6 und 8. Wir sollten uns die Frage stellen, ob kompensatorische Einflüsse am Werk waren, wodurch die Geburtenraten in diesem Kontinent hoch blieben. Wir sollten auch fragen, ob das daraus resultierende Bevölkerungswachstum die fürchterlich niedrige Wirtschaftsleistung während der vergangenen vier Jahrzehnte beeinflusste. Wir werden uns diesen Fragen in Kapitel 6 im einzelnen widmen, eine der Implikationen der hohen Geburtenraten für die Lage der Frauen werden wir jedoch sofort behandeln.

Im Afrika südlich der Sahara war verlängertes Stillen eine traditionelle Praxis der Geburtenkontrolle. Bei den Kung-San-Nomaden der Kalahari-Wüste war es gang und gäbe, Kinder bis zu ihrem vierten Lebensjahr zu stillen. Selbst wenn wir derart extreme Fälle außer acht lassen, dauerte der Reproduktionszyklus in Afrika durch Schwangerschaft und Stillen zwei Jahre. Das bedeutet, dass in einer Gesellschaft mit einer Lebenserwartung der Frauen von mehr als 45 Jahren und einer Geburtenrate von 8, Frauen damit rechnen müssen, mehr als die Hälfte ihres fruchtbaren Lebens (zwischen etwa 15 und 45 Jahren) mit Schwangerschaft und Stillen zu verbringen; dabei haben wir erfolglose Schwangerschaften nicht berücksichtigt. Unter solchen Voraussetzungen sind Frauen wie Destas Mutter niemals in der Lage, Tätigkeiten außerhalb der Subsistenzlandwirtschaft anzustreben.

Kein Ökonom hat jemals behauptet, dass es eine einzige treibende Kraft für das Wirtschaftswachstum gebe. Alle scheinen darin übereinzustimmen, dass die Akkumulation von produziertem Kapital, Humankapital sowie die Schaffung, Verbreitung und Anwendung neuer wissenschaftlicher und technologischer Erkenntnisse zusammenwirken, wobei jeder Faktor sowohl einzeln dazu beiträgt als auch auf die Beiträge der anderen Faktoren positiv einwirkt. Heutzutage erhöht die Akkumulation von z. B. produziertem Kapital das reale BIP – unter Konstanthaltung aller anderen Einflussfaktoren (*ceteris paribus*, cet. par.). Das ermöglicht der Gesellschaft, einen größeren Teil des Einkommens für Bildung und Gesundheit vorzusehen, wodurch eine Verringerung sowohl der Fertilität als auch der Kindersterblichkeit ausgelöst wird. Bildung erhöht überdies – cet. par. – das BIP, während niedrigere Fertilität und Sterblichkeit typischerweise das Bevölkerungswachstum verringern; was insgesamt der Gesellschaft wiederum ermöglicht, einen größeren Teil ihres Einkommens zur Generierung neuer Ideen zu verwenden. Das erhöht die Produktivität des produzierten Kapitals; was weitere Akkumulation von produziertem Kapital zur Folge hat ... und so weiter, in einem ›Tugendkreis‹ von Wohlstand. Die Kehrseite davon ist natürlich ein Teufelskreis von Armut. Die Polarisierung, welche heutzutage die reiche von der armen Welt trennt, ist eine Manifestation dieser zwei Bewegungen. Ökonomen verwenden die Begriffe ›Tugendkreis‹ und ›Teufelskreis‹ zur Charakterisierung dieser Polarisierung (einige von uns bezeichnen einen Teufelskreis auch als ›Armutsfalle‹); Mathematiker sagen, dass arme und reiche Welten sich in zwei verschiedenen ›Einzugsbereichen eines Attraktors‹ befinden, d. h. ihre Startbedingungen halten sie im jeweiligen System – Armut oder Reichtum – gefangen.

Wir können die relative Bedeutung der für Wirtschaftswachstum verantwortlichen verschiedenen Faktoren herausarbeiten. Zweifellos werden die Antworten für verschiedene Orte zu verschiedenen historischen Perioden unterschiedlich ausfallen; vor fünf Jahrzehnten lehrte uns Robert Solow, wie man an diese Frage herangeht, indem er einen Ansatz zur Zerlegung der beobachteten Änderungen des realen BIP einer Volkswirtschaft in ihre messbaren Komponenten entwickelte. Im Gegensatz zu der von mir im Prolog beschriebenen empirischen Analyse von Länderdaten im Querschnitt ist die Überlegung hier, in einem bestimmten Land die Änderungen der Variablen X, Y, Z während einer bestimmten Zeitspanne zu messen und die relative Bedeutung dieser Änderungen für das Wachstum des realen BIP in derselben Periode zu schätzen. Nehmen wir an, das reale BIP eines Landes sei während einer bestimmten Periode gestiegen. Solow und nach ihm viele andere zeigten, wie man dieses Wachstum auf eine Erhöhung der Arbeitsmarktpartizipation (Bevölkerungswachstum; Zunahme der Beschäftigung von Frauen in bezahlten Tätigkeiten), die Akkumulation von Qualifikationen der Bevölkerung und von produziertem Kapital, die verbesserte Qualität der Maschinen und der Betriebsausstattung usw. zurückführen kann. Nehmen wir nun an, dass wir nach Addition der Beiträge aller Produktionsfaktoren feststellen, dass diese Summe kleiner ist als das reale Wirtschaftswachstum. Dann dürfen wir diese Differenz als Anstieg der allgemeinen Produktivität des Kapitalvermögens der Volkswirtschaft interpretieren; womit wir meinen, dass nun mehr Output als vorher erzeugt werden kann, selbst wenn Produktionsfaktoren, wie Maschinen und Betriebsausstattung sowie das Qualifikationsniveau, unverändert geblieben wären. Damit drücken wir formal aus, dass es einen allgemeinen Anstieg der Effizienz bei der Produktion von Gütern gegeben hat. Ökonomen bezeichnen diesen Anstieg als Wachstum der ›totalen Faktorproduktivität‹.

Wie kommt es zu dieser Art von Wachstum? Es kommt dann zustande, wenn Menschen Wissen erwerben und es auch nutzen, oder wenn sie bereits vorhandenes Wissen besser nutzen. Daher bezeichnen Ökonomen das Wachstum der totalen Faktorproduktivität häufig auch als ›technischen Fortschritt‹. Es gibt aber auch andere Veränderungen in einer Volkswirtschaft, die Spuren auf der totalen Faktorproduktivität hinterlassen könnten, wie Verbesserung in der Funktionsweise von Institutionen. Wachstum der totalen Faktorproduktivität ist vielleicht eine etwas ungeschickte Art, ein Konzept zu vermitteln, aber es reflektiert den unerklärten Teil des realen BIP-Wachstums ganz gut. In der ökonomischen Literatur hat sich diese Bezeichnung fest eingebürgert.

Seit dem Zweiten Weltkrieg war das Wachstum der totalen Faktorproduktivität in der reichen Welt beträchtlich. So wurde z. B. geschätzt, dass zwischen 1970 und 2000 die durchschnittliche jährliche Wachstumsrate der totalen Faktorproduktivität in Großbritannien 0,7 % betrug. Ökonomen haben geschätzt, dass im Gegensatz dazu die totale

Faktorproduktivität während desselben Zeitraums in einer Reihe von Ländern in Afrika südlich der Sahara leicht gesunken ist.

Was bedeuten diese Zahlen? Sehen wir uns den Fall von Großbritannien an. Das reale BIP wuchs mit einer durchschnittlichen jährlichen Rate von 2,4 %, was bedeutet, dass etwa 29 % dieses Wachstums (also 0,7/2,4) dem Wachstum der totalen Faktorproduktivität zugeschrieben werden kann. Bei einer Wachstumsrate von 2,4 % war das reale BIP im Jahr 2000 doppelt so groß wie im Jahr 1970. Nahezu ein Drittel dieses Anstiegs kann dem Wachstum der totalen Faktorproduktivität zugeschrieben werden. Im Gegensatz dazu waren die Länder im Afrika südlich der Sahara, in denen die totale Faktorproduktivität in dieser Periode sank, beim Einsatz der Produktionsfaktoren wie Maschinen und Betriebsausstattung, ihrer erlernten Fähigkeiten und ihrer Arbeitsstunden weniger effizient. Es ist nur schwer zu glauben, dass die Menschen in diesen Ländern ihr technisches Wissen, das sie in der Vergangenheit besaßen, systematisch vergessen haben. Der Rückgang der totalen Faktorproduktivität muss daher eine Folge des Zerfalls der lokalen Institutionen sein, der durch Bürgerkriege und schlechte Regierungsführung beschleunigt wurde.

Diese Statistiken geben uns ein Rätsel auf. Die armen Länder der Gegenwart liegen hauptsächlich in den Tropen, während die reichen Länder meist in der gemäßigten Zone angesiedelt sind. Zweifellos sind die Tropen ein Nährboden für viele Krankheiten, sie beherbergen aber auch Unmengen natürlicher Ressourcen (Holz, Mineralien, Voraussetzungen zur Produktion von Gewürzen, Fasern, Kaffee und Tee). Während der vergangenen Jahrhunderte haben die heute reichen Länder genau diese Ressourcen und Erzeugnisse importiert, um ihre Fabriken zu betreiben und ihre Mahlzeiten genießen zu können. Sie häuften Maschinen und Humankapital an und generierten auch wissenschaftliches und technologisches Wissen. Wieso nützte die arme Welt ihre Ausstattung an Ressourcen nicht, um sich auf dieselbe Art zu bereichern?

Kolonisierung ist eine mögliche Antwort. Historiker haben aufgezeigt, dass die europäischen Großmächte seit dem 16. Jahrhundert natürliche Ressourcen aus den Kolonien herausholten – einschließlich billiger Arbeitskräfte (sprich: Sklaven) –, den Ertrag jedoch hauptsächlich im eigenen Land investierten. Natürlich sollte man sich fragen, wie es die Europäer geschafft haben, die Tropen zu kolonisieren, und warum Kolonisierung nicht in der umgekehrten Richtung stattgefunden hat. Wie bereits festgestellt, hat Jared Diamond eine Antwort dafür angeboten. Andererseits sind viele der bedeutendsten früheren Kolonien bereits seit Jahrzehnten politisch unabhängig. In dieser Zeit ist das Realeinkommen in der reichen Welt ständig gestiegen. Mit Ausnahme von ein paar herausragenden Beispielen in Süd- und Südostasien sind hingegen die meisten der Ex-Kolonien entweder arm geblieben oder sogar noch ärmer geworden. Warum?

Institutionen

Robert Fogel, David Landes, Douglass North und andere Wirtschaftshistoriker haben die Auffassung vertreten, dass die reiche Welt deswegen reich ist, weil sie im Laufe der Jahrhunderte Institutionen geschaffen hat, die es den Menschen ermöglichten, ihre materiellen Lebensverhältnisse zu verbessern. Das ist eine sehr weitreichende Erklärung. Sie besagt, dass die Bewohner der reichen Länder deswegen mit überlegener Technologie arbeiten, gesünder sind, länger leben, besser ausgebildet sind und immer neue produktive Ideen hervorbringen, weil sie ihr Leben in Gesellschaftssystemen führen konnten, die ihnen erlauben – ja, sie sogar dazu ermutigen –, Produktionsfaktoren wie Maschinen, Transporteinrichtungen, Gesundheit, persönliche Fähigkeiten und Ideen sowie die Früchte dieser Ideen zu akkumulieren. Die Akkumulation produktiven Kapitalvermögens ist nur die unmittelbare Ursache des Wohlstands, die wahre Ursache sind fortschrittliche Institutionen.

Man kann noch eine Schicht tiefer fragen, wie und warum die Menschen der reichen Länder in der Vergangenheit ihre Institutionen so entwickeln konnten, dass sich die unmittelbaren Ursachen des Wohlstands entfalten konnten. Man kann weiter fragen, ob die Institutionen ausschlaggebend waren oder ob die aufgeklärten Politiken der Herrscher für diese Entfaltung verantwortlich waren. Politiken sind nicht aus der Luft gegriffen, sie entstehen durch Beratungen und Überlegungen im Rahmen von Institutionen. Auch ist es nicht wahrscheinlich, dass eine Politik, die einem Land Wohlstand bringen soll, tatsächlich funktionieren wird, ohne dass es geeignete Institutionen gibt, die sie auch umsetzen können.

Diese Problemlagen sind von immenser Bedeutung für die armen Länder der Gegenwart. Welche Institutionen sollten sie schaffen und welchen Politiken sollten sich ihre

Regierungen verstärkt zuwenden? Es ist wenig sinnvoll, sich auf großartige Projekte einzulassen (Stahlwerke, petrochemische Fabriken, Landreform, Public-Health-Programme, frei zugängliche Bildung), wenn die Institutionen eines Landes nicht in der Lage sind, durch Kontrollinstanzen Korruption und Verschwendung zu begrenzen. Das führt wieder zu unserer früheren Frage zurück, wie diese Institutionen, die Wirtschaftswachstum in den heute reichen Ländern förderten, errichtet wurden und sich entfalten konnten. Trotz der Beachtung, welche diese Frage bei hervorragenden Wirtschaftshistorikern fand, bleibt sie bislang ungelöst. Im nächsten Kapitel werde ich zeigen, warum es inhärent so schwierig ist, eine befriedigende Antwort zu finden (was für sich genommen, so vermute ich, ein Zeichen für zunehmendes Verständnis der Probleme ist). Angesichts dieser Schwierigkeiten ist es wohl am sichersten, Institutionen als den zentralen Faktor anzusehen, wenn wir uns um ein Verständnis bemühen, warum sich die Welten von Becky und Desta hinsichtlich ihrer Lebensstandards derart deutlich unterscheiden.

Das *Oxford English Dictionary* definiert ›Institution‹ als ›bestehendes Gesetz, Gewohnheitsrecht, Gepflogenheit, Brauch, Organisation oder ein anderes Element im politischen und gesellschaftlichen Leben eines Volkes‹. Wir werden diesem Begriff folgen, ihn jedoch so anpassen, dass wir die Rolle der Institutionen im Wirtschaftsleben betonen werden. Unter Institutionen werde ich grob gesprochen jene Einrichtungen verstehen, die gemeinsames Handeln regeln. Diese Einrichtungen umfassen nicht nur juristische Einheiten wie das Unternehmen, in dem Beckys Vater arbeitet, sondern auch die *iddir* (die Dorfversicherung), an der Destas Vater teilhat. Sie schließen die Märkte ein, auf denen Beckys Familie Waren und Dienstleistungen erwirbt, und die ländlichen Netzwerke, zu denen Destas Haushalt gehört. Sie umfassen die Kernfamilie in Beckys Welt ebenso wie das erweiterte Verwandtschaftssystem von Ansprüchen und Verpflichtungen in Destas Welt. Und sie beziehen in beiden Welten auch eine übergreifende Institution, den Staat, ein.

Institutionen werden zum Teil durch Regeln und hierarchische Strukturen definiert, teilweise aber auch durch die Beziehungen, die sie mit der Außenwelt haben. Die Regeln am Arbeitsplatz (von wem wird die Erledigung welcher Aufgabe erwartet, wer ist wem vorgesetzt usw.) sind nicht nur für die Mitglieder des Unternehmens, sondern auch für andere relevant. So gibt es in den reichen Ländern z. B. Gesetze, welche die Bedingungen am Arbeitsplatz regeln. Darüber hinaus schränken Umweltvorschriften Unternehmen, etwa hinsichtlich des Umgangs mit ihren Abwässern, ein. In jeder Gesellschaft gibt es Ebenen von Gesetzen mit unterschiedlichem Geltungsbereich. Einige Regeln haben Nachrang gegenüber anderen Regeln, viele haben Gesetzeskraft, während andere bestenfalls stillschweigende Übereinkommen sind.

Die Wirksamkeit einer Institution hängt von den ihr zugrunde liegenden Regeln ab und davon, ob ihre Mitglieder diese Regeln befolgen. In jedem Land umfasst der Verhaltenskodex des öffentlichen Dienstes Ehrlichkeit, die Staaten unterscheiden sich jedoch gewaltig in ihrem Umgang damit. Sozialwissenschaftler haben Korruptionsindizes für öffentlich Bedienstete entwickelt. Einer dieser Indizes basiert auf Schmiergeldern, die private Unternehmen Beamten erfahrungsgemäß für die Abwicklung ihrer Geschäfte zahlen mussten. Der Index (Abb. 5) – mit einer Skala von 1 (höchst korrupt) bis 10 (höchst sauber) – beträgt weniger als 3,5 für die meisten armen Länder (afrikanische Staaten und Osteuropa gehören zu den schlechtesten) und 7 für die meisten reichen Länder (die skandinavischen Staaten sind unter den besten). Früher behauptete man, dass Bestechung der öffentlich Bediensteten dazu beiträgt, das Nationaleinkommen zu erhöhen, da sie die Transaktionen in einer Wirtschaft erleichtert. Das trifft in einer korrumpierten Welt auch zu: Wenn du nicht zahlst, dann kannst du keine Geschäfte machen. Korruption ist jedoch kein unvermeidbares Übel. Die Notwendigkeit, Schmiergelder zu zahlen, erhöht die Produktionskosten; daher wird weniger produziert. Den Bürgern entstehen daraus Nachteile, da der Preis, den sie für die Produkte zahlen müssen, um einiges höher ist.

Ökonomen vermuteten, dass die staatliche Korruption mit jenen Verzögerungen zusammenhängt, die der Bevölkerung bei der Durchsetzung von Rechtsvorschriften entstehen. Dabei geht man davon aus, dass Verzögerungen eine Möglichkeit bieten, Schmiergelder zur Beschleunigung der behördlichen Abwicklung herauszuholen. Die Durchsetzung eines Vertrags dauert in der armen Welt 415 Tage, gegenüber 280 Tagen in der reichen Welt. Möglicherweise hängt Korruption auch mit staatlicher Ineffizienz zusammen. Die Registrierung einer Firma dauert in der armen Welt 66 Tage, in der reichen Welt 27 Tage. In armen Ländern benötigt man durchschnittlich 100 Tage für eine Eintragung in das Grundbuch, während man dazu in den reichen Ländern nur 50 Tage braucht. Einige Ökonomen haben behauptet, dass Beamte in armen Ländern lange Warteschlangen herbeiführen (das ist die staatliche Ineffizienz), um aus den Bewerbern Schmiergelder dafür herauszuholen, dass sie vorgereiht werden (das ist die Korruption).

Wie übertragen sich staatliche Korruption, Ineffizienz und Gleichgültigkeit gegenüber den Gesetzen auf die makroökonomischen Statistiken, die wir analysierten? Sie finden in der totalen Faktorproduktivität ihren Niederschlag. Die totale Faktorproduktivität wird cet. par. in einem Land niedriger sein, wenn dessen Regierung korrupt oder ineffizient ist oder wenn die gesetzlichen Vorschriften nicht beachtet werden, im Vergleich zu einem Land, das in geringerem Maße von diesen Mängeln betroffen ist. Manche Wissenschaftler bezeichnen diese immateriellen, aber messbaren Faktoren als ›soziale Infrastruktur‹, andere nennen sie ›Sozialkapital‹.

Institutionen sind übergreifende Einrichtungen. Menschen interagieren miteinander in Institutionen. Ein wichtigerer Begriff ist ›Verbindlichkeit‹. Die Fähigkeit, Verbindlichkeiten einzugehen, führt zu einer grundlegenden Fragestellung im Wirtschaftsleben. Dieser Frage werden wir uns als Nächstes zuwenden.

2 Vertrauen

Nehmen wir an, eine Gruppe von Menschen hat eine für alle vorteilhafte Vorgehensweise gefunden. Auf höchstem Niveau könnte das die Einsicht der Bürger sein, eine Verfassung für ihr Land zu errichten. Auf der lokalen Ebene könnte es sich darum handeln, die Kosten und den Nutzen zur Aufrechterhaltung einer kommunalen Ressource gemeinsam zu tragen (Bewässerung, gemeinsames Weideland, Küstenfischerei); die Errichtung einer gemeinsam nutzbaren Anlage (Entwässerungskanal an einer Wasserscheide); die Zusammenarbeit in einer politischen Aktivität (Bürgerinitiative, Lobbying); in ein Geschäft einzusteigen, wenn Kauf und Lieferung von Gütern nicht aufeinander abgestimmt werden können (Kreditvergabe, Versicherung, Lohnarbeit); eine Ehe einzugehen; Initiierung eines gemeinnützigen Kreditinstituts (*iddir*); eine Übereinkunft zur gegenseitigen Hilfeleistung (ich helfe dir jetzt in deiner Not, unter der Voraussetzung, dass du mir hilfst, wenn ich in Not gerate); die Einigung auf Konventionen (wir senden einander Weihnachtskarten); Errichtung einer Gesellschaft, um Güter für den Markt zu produzieren; Durchführung einer spontanen Transaktion (einfach etwas einzukaufen) usw. Dann gibt es noch ein für alle vorteilhaftes Verhalten durch höflichen Umgang miteinander. Zu diesen Formen des höflichen Umgangs gehört es auch, den öffentlichen Raum nicht zu verunstalten oder dem Gesetz im allgemeinen Rechnung zu tragen sowie die Rechte anderer zu respektieren.

Stellen wir uns als Nächstes vor, dass die beteiligten Personen übereingekommen sind, Nutzen und Kosten auf

eine bestimmte Art und Weise gemeinsam zu übernehmen. Wiederum könnte so eine Übereinkunft auf der
obersten Ebene ein Gesellschaftsvertrag zwischen den
Bürgern sein, ihre Verfassung zu beachten. Oder es könnte
ein stillschweigendes Übereinkommen sein, respektvoll
miteinander umzugehen, wie z. B. das Recht des anderen,
gehört zu werden, sein Leben eigenständig führen zu können usw. Wir werden vor allem Übereinkommen über
Geschäfte mit Waren und Dienstleistungen behandeln.
Da kann es Situationen geben, in denen dieses Übereinkommen auf einem einseitigen Angebot beruht (wenn
z. B. Beckys Mutter die Bedingungen des Installateurs akzeptiert, den sie zur Reparatur ins Haus gerufen hat). In
anderem Zusammenhang kann es das Ergebnis eines Ver-
handlungsprozesses sein (wenn z. B. Destas Mutter Putz-
mittel für den Haushalt auf einem regionalen Markt kauft,
der sich nicht grundlegend von einem Basar im Nahen Osten unterscheidet). Weiter unten (in Kap. 4) werden wir in
diesem Buch eine idealisierte Version der Preisbildung auf
Märkten untersuchen, die von Beckys Familie frequentiert
werden, wo sowohl Käufer als auch Verkäufer mit einseitigen Angeboten konfrontiert sind. Wir werden jedoch weder analysieren, wie es zu einem Kaufabschluss kommt,
wenn sowohl in Beckys als auch in Destas Welt ein
Verhandlungsprozess abläuft, noch uns um Prinzipien
der Gerechtigkeit kümmern, an die vielleicht während
der Verhandlungen appelliert wird. Das würde uns mitten
in die Verhandlungstheorie führen, ein elegantes aber
schwieriges Teilgebiet der Spieltheorie. Stattdessen stellen
wir eine Frage, die sowohl für Beckys als auch für Destas
Welt von Bedeutung ist: Unter welchen Umständen wür-

den die Parteien, die ein Übereinkommen erzielt haben, einander vertrauen, dass sie ihr Wort hielten?

Einfache Versprechungen würden nicht genügen, denn das gegebene Wort muss glaubwürdig sein, damit man darauf vertrauen kann. (Man beachte, dass wir andere – und auch uns selbst – davor warnen, Menschen blindlings zu vertrauen.) Wenn die Partner darauf vertrauen sollen, dass die gegebenen Versprechungen auch eingehalten werden, dann müssen diese so abgefasst sein, dass (1) es auf jeder Stufe der vereinbarten Vorgehensweise im Interesse jedes Partners ist, sein Versprechen einzuhalten, wenn alle anderen ebenfalls beabsichtigen, ihr gegebenes Wort zu halten; und dass (2) auf jeder Stufe der vereinbarten Vorgehensweise jeder Partner daran glaubt, dass alle anderen ebenfalls Wort halten. Wenn beide Bedingungen erfüllt sind, dann wird ein System des Vertrauens, dass Übereinkommen eingehalten werden, selbstbestätigend sein.

Nun gilt, dass Bedingung (2) allein nicht ausreichen würde. Glauben muss seine Rechtfertigung haben. Bedingung (1) liefert diese Rechtfertigung. Sie stellt die Basis dar, auf der grundsätzlich jeder darauf vertrauen könnte, dass das Übereinkommen eingehalten wird. Eine Vorgehensweise, die Bedingung (1) erfüllt, wird als ›Nash-Gleichgewicht‹ bezeichnet, zu Ehren des Mathematikers John Nash – aus dem Film *Genie und Wahnsinn* –, der bewiesen hat, dass es kein inhaltsleeres Konzept ist. (Nash zeigt, dass diese Bedingung in der Realität erfüllt sein kann.) Die Art und Weise, wie ich Bedingung (1) formuliert habe, fußt jedoch nicht auf Nash, sondern auf John Harsanyi, Thomas Schelling und Reinhard Selten, drei Sozialwissenschaftlern, die das Konzept des Nash-Gleichgewichts weiterentwickelt haben, damit es auch auf Fälle angewendet werden kann, in denen Nashs ursprüngliche Formulierung nicht ausreicht.

Außerdem gilt, dass Bedingung (1) allein auch nicht ausreichen würde. Es könnte der Fall eintreten, dass es im Interesse jedes Einzelnen ist, opportunistisch zu handeln, wenn jeder glaubt, dass alle anderen sich auch opportunistisch verhalten. In diesem Fall ist Nicht-Kooperation ebenfalls ein Nash-Gleichgewicht, was bedeutet, dass die allgemeine Überzeugung, dass ein Übereinkommen nicht eingehalten wird, ebenfalls selbstbestätigend ist. Etwas locker formuliert, ist ein Nash-Gleichgewicht eine Handlungsweise (im ökonomischen Jargon: eine ›Strategie‹) jeder einzelnen Partei, die keiner Partei Grund gibt, von ihrer Handlungsweise abzuweichen, wenn alle anderen Parteien ihre Handlungsweise beibehalten. In der Regel gibt es in jeder Gesellschaft mehr als ein Nash-Gleichgewicht. Manche führen zu erwünschten Ergebnissen, andere nicht. Das grundlegende Problem jeder Gesellschaft besteht nun darin, Institutionen zu schaffen, in deren Rahmen die Bedingungen (1) und (2) für Vereinbarungen gelten, welche die Interessen ihrer Mitglieder schützen und fördern. Wenn wir analysieren, wie sich die Ökonomie zur idealen Rolle des Staates noch äußern kann (Kap. 8), werden wir über diese Interessen noch einiges auszusagen haben.

Gemeinsam erfordern Bedingungen (1) und (2) einen großen Koordinationsaufwand zwischen den Parteien. Um der Frage auf den Grund zu gehen, welches Nash-Gleichgewicht allenfalls erreicht wird – wenn ein Nash-Gleichgewicht überhaupt erreicht werden kann –, untersuchen Volkswirte Verhaltensweisen der Menschen, die *kein* Nash-Gleichgewicht darstellen. Dabei wird modellhaft durchgespielt, wie Menschen ihre Vorstellungen über die Funktionsweise der Gesellschaft entwickeln, wie sich Menschen verhalten und wie sie ihre Vorstellungen aufgrund ihrer Beobachtungen ändern. Grundgedanke ist, die Konsequenzen dieser Verhaltensmuster zu verfolgen, um zu erkennen, ob sich das Modell im Verlauf der Zeit auf ein Nash-Gleichgewicht zubewegt oder ob es sich auf irgendeine andere Art entwickelt, nicht jedoch zu einem Gleichgewicht.

Diese Forschungsarbeiten haben zu einer allgemeinen Schlussfolgerung geführt. Angenommen ein bestimmtes ökonomisches Umfeld ermöglicht mehr als ein Nash-Gleichgewicht. Es wird von den Vorstellungen der Menschen, die sie zu einem bestimmten Zeitpunkt in der Vergangenheit hatten, abhängen, welches Gleichgewicht vermutlich erreicht werden kann – wenn sich die Wirtschaft überhaupt auf ein Gleichgewicht hinbewegt. Es wird auch davon abhängen, wie die Menschen ihre damaligen Vorstellungen aufgrund der seither gemachten Erfahrungen revidiert haben. Damit wird jedoch nur auf eine andere Art ausgedrückt, dass Geschichte relevant ist. Das erfordert somit den erzählenden Stil der empirischen Wirtschaftswissenschaft, den ich weiter oben erwähnte. Die Konzeption von Modellen, statistische Tests mittels Daten, die sich auf die Modelle beziehen, und historische Berichte müssen auf synergetische Weise zusammenarbeiten, wenn wir Fortschritte im Verstehen einer Gesellschaft erzielen wollen. Leider würde eine Analyse des Verhaltens im Ungleichgewicht dieses Buch ungebührlich ausdehnen.

Daher werde ich nur bisweilen darauf zu sprechen kommen. Glücklicherweise wird es sich zeigen, dass wir durch eine Analyse des Gleichgewichtsverhaltens beträchtliche Fortschritte erzielen können.

Wir begannen dieses Kapitel mit der Feststellung, dass gegenseitiges Vertrauen die Grundlage einer Zusammenarbeit ist. Das Wissen über die Möglichkeit der Existenz mehrerer Nash-Gleichgewichte führt uns zur Frage, welche Arten von Institutionen in der Lage sind, Kooperation zu fördern. Zur Beantwortung dieser Frage stellt es sich als zweckmäßig heraus, eine Einteilung der Strukturen zu treffen, in denen Menschen einander etwas versprechen.

Wechselseitige Zuneigung

Stellen wir uns eine Situation vor, in der die betroffenen Personen einander schätzen und es auch allgemein bekannt ist, dass sie einander mögen. Der Haushalt ist das offensichtlichste Beispiel einer Institution, die auf Zuneigung beruht. Ein Versprechen gegenüber jemandem zu brechen, den wir mögen, verschafft uns Unbehagen. Daher werden wir uns bemühen, so etwas nicht zu tun. Von Zeit zu Zeit geraten jedoch auch die Mitglieder eines Haushalts in Versuchung, sich schlecht zu verhalten. Da Menschen, die zusammenleben, einander sehr genau beobachten können, ist die Gefahr der Aufdeckung von Fehlverhalten sehr groß. Das führt zur Zurückhaltung der Haushaltsmitglieder, selbst wenn die Versuchung zu einem Fehlverhalten groß ist.

Andererseits kann sich ein Haushalt auf keine Tätigkeiten einlassen, die eine Vielzahl unterschiedlicher Fähigkeiten erfordern. Haushalte müssen daher Wege finden, um mit anderen Geschäfte zu machen. Damit taucht das Problem des Vertrauens auf der Ebene zwischen den Haushalten wieder auf. Was uns wiederum zur Suche nach anderen Strukturen führt, in denen Menschen darauf vertrauen können, dass jeder sein Wort hält.

Pro-soziale Einstellung

Eine solche Situation ist dann gegeben, wenn Menschen vertrauenswürdig sind oder wenn sie sich dafür erkenntlich zeigen, dass andere sich ihnen gegenüber wohlverhalten. Evolutionspsychologen haben behauptet, dass wir so angepasst sind, dass wir eine allgemeine Neigung zur Gegenseitigkeit haben. Entwicklungspsychologen haben festgestellt, dass eine pro-soziale Einstellung durch gemeinsames Wohnen, Vorbildwirkung, Bildung sowie Belohnung und Bestrafung (jetzt oder in einem späteren Leben) entwickelt werden kann.

Wir müssen uns nicht zwischen den beiden Sichtweisen entscheiden; sie schließen einander nicht aus. Unsere Fähigkeit, Gefühle wie Scham, Schuld, Angst, Zuneigung, Zorn, Begeisterung, Hilfsbereitschaft, Wohlwollen, Eifersucht zu haben, und unser Sinn für Fairness und Gerechtigkeit entstanden aus einem Selektionsdruck. Kultur fördert die Bildung von Präferenzen, Erwartungen und unserer Vorstellung über Fairness. Diese beeinflussen wiederum unser Verhalten, von dem wir wissen, dass es sich zwischen Gesellschaften unterscheidet. Kulturelle Eckpunkte ermöglichen uns jedoch die Identifikation der Situationen, in denen Scham, Schuldgefühle, Angst, Zuneigung, Zorn, Begeisterung, Gegenseitigkeit, Wohlwollen, Eifersucht auftreten; sie verdrängen die zentrale Bedeutung dieser Gefühle in der Struktur des Menschen nicht. Der Gedanke, den ich hier verfolge, besteht darin, dass wir als Erwachsene nicht nur die Einstellung haben, unsere Schulden zu bezahlen, anderen zu helfen, selbst wenn es uns etwas kostet, und eine uns gewährte Begünstigung zurückzugeben, sondern wir kommen leichter über uns zugefügte Verletzungen hinweg, wenn wir den Personen Schaden zufügen, die uns absichtlich verletzt haben; und wir halten uns von Personen fern, die Übereinkommen brechen, sehen jene schief an, die mit Personen verkehren, welche Übereinkommen nicht eingehalten haben usw. Die Internalisierung von Verhaltensnormen ermöglicht es einer Person, dass diese Normen Teil der Antriebskräfte ihrer Handlungen werden. Kurz gesagt, sie hat eine Neigung, solch einer Norm zu folgen, unabhängig davon, ob es sich um eine persönliche oder gesellschaftliche handelt. Wenn sie diese Norm verletzt, werden im Regelfall weder Schuld- noch Schamgefühl fehlen, häufig wird aber so eine Handlung rational begründet. Ein Versprechen zu geben, bedeutet für diesen Menschen eine Verpflichtung; und es ist für ihn wichtig, dass die anderen das erkennen.

Menschen sind in unterschiedlichem Ausmaß vertrauenswürdig. Es ist nicht immer die Angst, erwischt zu werden, die uns davon abhält, das Gesetz zu brechen. Obwohl eine pro-soziale Einstellung der menschlichen Natur nicht fremd ist, besteht das Problem darin, dass keine Gesellschaft ausschließlich darauf vertrauen sollte. Wie können

wir erkennen, in welchem Ausmaß jemand vertrauenswürdig ist? Wenn der persönliche Nutzen aus dem Betrug
des eigenen Gewissens groß genug ist, würden wir es fast
alle betrügen. Die meisten Menschen haben einen Preis,
aber es ist schwer zu sagen, wer welchen Preis hat.

Jede Gesellschaft hat versucht, solche Institutionen zu
errichten, welche den Menschen Anreize bietet, miteinander Geschäfte zu machen. Diese Anreize unterscheiden
sich im einzelnen, eines ist ihnen jedoch gemeinsam: Diejenigen, welche Übereinkommen ohne Grund brechen,
werden bestraft. Schauen wir uns an, wie das erreicht
wird.

Gesetze und Normen

Es gibt zwei Möglichkeiten. Eine ist, sich auf einen externen Überwacher zu verlassen, die andere ist die wechselseitige Ausführung der Bestrafung. Jede führt zu einer anderen Art von Institution. Die Menschen wenden sich je
nach der Art des angestrebten Geschäfts an die eine oder
die andere Institution. Das Schlüsselwort für die eine lautet
›Herrschaft des Gesetzes‹; die andere heißt ›gesellschaftliche Norm‹. In reichen Ländern verlassen sich die Menschen
in hohem Maß auf erstere, während Menschen in der armen Welt überwiegend auf letztere vertrauen. Folglich
werden wir die Behauptung untersuchen, dass Menschen
in der reichen Welt deswegen reich sind, weil sie sich Jahrhunderte hindurch weitestgehend auf erstere verlassen
konnten. Ich werde die beiden Methoden der Durchsetzung mit Hilfe eines Zahlenbeispiels für ein bilaterales

Übereinkommen veranschaulichen. Die Zahlen werden uns ermöglichen, ohne Umschweife Erkenntnisse zu gewinnen. Das Beispiel beruht auf dem ›Verlagssystem‹, das im Europa des 17. und 18. Jahrhunderts sehr verbreitet war und das auch heute noch im Handwerksbereich der armen Länder gang und gäbe ist. Dieses System lief auf eine Prinzipal-Agent-Beziehung hinaus, für unsere Zwecke können wir uns jedoch auch eine Partnerschaft vorstellen.

Angenommen Person A besitzt ein Arbeitskapital (z. B. Rohstoffe), das für ihn einen Wert von 4000 € hat. A kennt B, die die Fähigkeit hat, mit diesem Kapital Marktgüter im Wert von 8000 € herzustellen. A kann das nicht. A hat jedoch Zugang zum Markt, was wiederum B nicht hat. A schlägt nun B vor, ihr sein Kapital zu überlassen, wobei es sich versteht, dass A die Güter auf dem Markt verkaufen wird, sobald B sie produziert hat, und den Erlös mit ihr teilen wird. Würde B nicht für A arbeiten, so würde sie Güter für ihren Haushalt herstellen, die für sie 2000 € wert wären. Damit sie A's Angebot akzeptiert, schlägt dieser ihr folgende Aufteilungsregel vor, die in beiden Gesellschaften eine lange Tradition hat: Die 8000 € würden zuerst dazu verwendet, um beide Partner voll zu entschädigen – 4000 € für A (jenen Betrag, den A aus der besten alternativen Verwendung seines Arbeitskapitals erzielen würde, was Ökonomen als ›Opportunitätskosten‹ des Arbeitskapitals bezeichnen) und 2000 € für B (was den Opportunitätskosten von B's Zeit und Arbeitseinsatz entspricht); die verbleibenden 2000 € würden dann gleichmäßig zwischen beiden aufgeteilt werden. A würde somit 5000 € und B 3000 € erhalten. Jeder würde durch den Vertrag 1000 € gewinnen.

B findet den Vorschlag fair, macht sich aber in einem Punkt Sorgen: Warum sollte sie A trauen, dass er das Abkommen nicht doch bricht und die gesamten 8000 € für sich behält?

Externe Durchsetzung

Eine Möglichkeit sicherzustellen, dass B der Person A trauen könnte, lautet wie folgt: Die Durchführung eines Abkommens wird durch ein bestehendes System von Macht und Autorität garantiert. In vielen Gesellschaften setzen Stammeshäuptlinge, Dorf- oder Clanälteste und Kriegsherren Übereinkommen durch und regeln Streitfälle. In unserem Fall nehmen wir an, dass der Staat der Überwacher ist und dass das Abkommen in Form eines rechtlich gültigen Vertrags geschlossen wurde. Darunter verstehen wir auch einen impliziten ›sozialen Vertrag‹ zwischen den Bürgern, das Gesetz nicht zu verletzen. Wenn jedoch Verträge ein brauchbares Mittel zur Abwicklung von Geschäften sein sollen, dann müssen Vertragsverletzungen verifizierbar sein, damit der Überwachende im Falle seiner Einschaltung eine Orientierungshilfe hat. Rechtsanwälte wie Beckys Vater machen ganz gewiss genau deswegen gute Geschäfte, weil Verifikation mit beträchtlichen Schwierigkeiten verbunden ist. Nach groben Schätzungen betragen in den USA die Ausgaben für das Rechtswesen (Rechtsanwälte, Richter, Untersuchungsbeamte), für die Beschäftigten in der Versicherungsbranche (Schätzmeister, Versicherungsagenten) und für die Durchsetzung des Rechts (die Polizei) etwa 245 Milliarden Dollar, was rund 2 % des amerikanischen BIPs entspricht; darin sind aber noch nicht jene Vorsichtsmaßnahmen der Bevölkerung gegen mögliche Klagen, Einbruch und Diebstahl enthalten.

Wir vernachlässigen die Probleme aus der Verifikation der Verträge (vgl. dazu jedoch Kap. 4 und 5) und halten fest: Wenn bekannt ist, dass die vom Staat vorgenommene Bestrafung im Verhältnis zu A's Versuchung, eine Vertragsverletzung zu begehen, sehr streng ist, dann wird A davor zurückschrecken, diesen Weg zu beschreiten. Wenn B die Wirkung dieser Drohung bewusst ist, dann wird sie A vertrauen, nicht vertragsbrüchig zu werden. In Beckys Welt sind die Regeln für Markttransaktionen im Vertragsrecht kodifiziert. Die Firma von Beckys Vater ist eine juristische Person, ebenso wie die Finanzinstitutionen, mittels derer er seine Pensionsansprüche erwirbt, für Beckys und Sams Studium spart usw. Er hat einen Dienstvertrag mit seiner Firma. Die Übereinkommen, die er mit der Sparkasse und der Pensionsversicherung abgeschlossen, sind rechtliche Verträge. Ja, selbst wenn jemand aus der Familie in ein Lebensmittelgeschäft geht, findet der Kauf (bar oder mit Kreditkarte) im Rahmen des Rechts statt, welches beiden Parteien Schutz bietet (dem Lebensmittelhändler im Falle von Falschgeld oder Ungültigkeit der Kreditkarte; der Käuferin für den Fall, dass sich die gekaufte Ware als minderwertig herausstellt). Formelle Märkte, welche Menschen nach Belieben aufsuchen oder verlassen, können nur funktionieren, weil es eine hoch entwickelte Rechtsstruktur gibt, welche die ›Kauf‹ und ›Verkauf‹ genannten Übereinkommen regelt. Außerdem wickeln Beckys Familie, der Lebensmittelhändler und das Kreditkartenunternehmen nur deswegen miteinander Geschäfte ab, weil sie zuversichtlich sind, dass der Staat fähig und willens ist, die Einhaltung der Verträge zu überwachen.

Worauf beruht dieses Vertrauen, wo doch die Überwachung von Verträgen Ressourcen erfordert? Schließlich machen wir heutzutage immer wieder die Erfahrung, dass es sowohl solche als auch andere Staaten gibt. In einer funktionierenden Demokratie ist eine Antwort darauf, dass der Staat um seinen guten Ruf besorgt ist. Eine freie und inquisitorische Presse trägt dazu bei, die Regierung in ihrem Glauben zu bestärken, dass Unfähigkeit und Korruption das Ende ihrer Amtszeit bedeuten würde – spätestens nach den nächsten Wahlen. Man beachte dabei das System von ineinander verzahnten Einschätzungen der wechselseitigen Möglichkeiten und Absichten aller Beteiligten. Millionen von Haushalten in Beckys Land vertrauen darauf (mehr oder weniger!), dass ihre Regierung für die Einhaltung der Verträge sorgen wird, weil die Regierenden wissen, dass sie ihre Ämter verlieren würden, wenn sie dies nicht täten. Andererseits vertraut jede Partei eines Vertrags der anderen, nicht vertragsbrüchig zu werden (wieder mehr oder weniger!), da jede weiß, dass man sich auf den Staat verlassen kann, die Einhaltung der Verträge zu garantieren. Und so weiter. Vertrauen wird durch die Androhung einer Bestrafung (einer Geldstrafe, Gefängnis, Entlassung oder was auch immer) all derer aufrechterhalten, die einen Vertrag brechen, unabhängig davon, ob es sich um einen rechtlichen Vertrag (den Arbeitsvertrag von Beckys Vater) oder einen gesellschaftlichen Vertrag (den Vertrag zwischen den Wählern und der Regierung in Beckys Welt zur Aufrechterhaltung der öffentlichen Ordnung) handelt. Damit sind wir im Bereich der

Meinungen, die sich in selbstverstärkender Weise wechselseitig stützen, unsere frühere Bedingung (2).

Ich habe diese Überlegungen hier nur grob skizziert. Eine vollständige Argumentation ähnelt der Darstellung, die zeigt, dass gesellschaftliche Normen auch eine Möglichkeit zur Durchsetzung von Übereinkommen sind. Diesen wende ich mich nun im einzelnen zu.

Wechselseitige Durchsetzung

Obwohl es in Destas Land ein Vertragsrecht gibt, kann sich ihre Familie nicht darauf verlassen. Das nächste Gericht ist weit weg, weit und breit gibt es auch keine Rechtsanwälte. Reisen ist sehr teuer, das Dorf abgeschnitten von der Welt. Das Wirtschaftsleben spielt sich außerhalb des formalen Rechtssystems ab. Trotzdem machen Destas Eltern mit anderen Geschäfte. Für Begräbnisse zu sparen ist gleichbedeutend mit der Aussage: »Ich akzeptiere die Bedingungen des *iddir*.« Da es dort, wo sie wohnen, keine formalisierten Märkte für Kredite gibt, handeln die Dorfbewohner zur Glättung ihres Konsums auf Gegenseitigkeit. Eine kürzlich durchgeführte Studie hat gezeigt, dass in einer Stichprobe von Dörfern in Nigeria nahezu alle Kredittransaktionen entweder zwischen Verwandten oder zwischen Haushalten im selben Dorf abgewickelt wurden. Es gab weder schriftliche Verträge, noch waren in den Abkommen das Datum oder der Betrag der Rückzahlung festgelegt. Implizit folgte man stillschweigend gesellschaftlichen Übereinkünften. Weniger als 10 % der Kredite wurden nicht zurückgezahlt.

Wieso vertrauen die Dorfbewohner einander? Weil

Übereinkommen wechselseitig durchgesetzt werden: Die Androhung von strengen Strafen für alle Vertragsbrüchigen durch die Mitglieder einer Gemeinschaft würden jeden vom Vertragsbruch abhalten. Das ist die gemeinsame Basis zur Abwicklung von Geschäften in den armen Ländern. So ist z. B. das Land der Kofyar-Bauern in Nigeria im Privatbesitz, nach der Ernte ist jedoch das ungehinderte Weiden von Tieren darauf erlaubt. Ähnlich wie bei Desta sind auch die Kofyar-Haushalte Subsistenzbauern, es gibt also keine Entlohnung der Arbeit. Zum Unterschied von Destas Dorf, in dem die Haushalte individuell für ihre Arbeitsleistung sorgen, organisieren die Kofyars gemeinsame Arbeit bei den einzelnen Bauern. Ein Teil davon wird in Gruppen von acht bis zehn Personen erbracht, es gibt aber auch Arbeitsgruppen, welche die ganze Gemeinschaft einschließen. Ein Haushalt, der ohne gute Begründung die verlangte Quote an Arbeit nicht erbringt, wird bestraft (in Krügen Bier!). Abweichlerischen Haushalten, welche die Strafen nicht begleichen, wird die gemeinschaftliche Arbeit verweigert, sie werden von der Gemeinschaft geächtet. In anderem Zusammenhang dienten Normensysteme dem Schutz der fischreichen Gewässer der Dörfer an der Küste des nördlichen Brasilien. Verstöße werden mit einer Reihe von Sanktionen geahndet, die von sozialer Isolation bis zur Sabotage des Fischereigerätes reichen. Und so weiter.

Wie kann wechselseitige Durchsetzung Übereinkommen stützen? Es ist ja schön und gut zu behaupten, dass Opportunisten Sanktionen auferlegt werden, warum sollten sie aber diesen Drohungen Glauben schenken? Sie wären dann glaubwürdig, wenn Sanktionen Teil der sozialen

Verhaltensnormen wären. Um das zu verstehen, nehmen wir einmal an, dass von allen beobachtet werden kann, ob das Übereinkommen durch die beteiligten Partner eingehalten wurde. Zweifellos ist das eine starke Annahme, aber ähnlich wie bei der Verifikation ist es ein brauchbarer Ausgangspunkt. Sobald wir daraus Schlussfolgerungen gezogen haben, können wir ableiten, wie Gemeinschaften ihre Institutionen in jenen Situationen verändern könnten, in denen diese Annahme auch nicht nur annähernd erfüllt ist. Andererseits wird jeder, der Dörfer in armen Ländern besucht hat, bestätigen, dass dort Privatsphäre kein Grundrecht ist. In den tropischen Dörfern, die ich besucht habe, sind die Hütten so gestaltet und angeordnet, dass es für jede einzelne schwierig sein muss zu verhindern, dass andere ihr Tun beobachten.

Unter einer sozialen Norm verstehen wir eine akzeptierte Verhaltensregel. Eine Verhaltensregel lautet etwa so: »Ich werde X tun, wenn du Y machst«; »Ich werde P tun, wenn Q passiert« usw. Damit eine Verhaltensregel zur sozialen Norm wird, muss es im Interesse jeder Person liegen, in Übereinstimmung mit der Regel zu handeln, wenn alle anderen auch in Übereinstimmung damit handeln; das heißt, die Regel sollte einem Nash-Gleichgewicht entsprechen. Um zu verstehen, wie soziale Normen funktionieren, kehren wir zu unserem Zahlenbeispiel zurück und untersuchen, ob eine Kooperation auf der Basis einer langfristigen Beziehung zwischen A (wir nennen ihn nun den Auftraggeber) und B (wir bezeichnen sie nun als Auftragnehmerin) aufrechterhalten werden kann.

Nehmen wir an, dass A und B immer wieder die Möglichkeit haben, miteinander Geschäfte zu machen, sagen wir, etwa jährlich. Die Zeit, welche B benötigt, um den Output zu produzieren, sei deutlich geringer als ein Jahr. Wir wollen die Zeit mit t bezeichnen. Somit nimmt t die Werte 0, 1, 2, ... und so weiter bis unendlich an; dabei steht 0 für das laufende Jahr, 1 für das nächste Jahr, 2 für das übernächste Jahr usw. – bis unendlich. Obwohl die zukünftigen Erträge aus der Kooperation für beide wichtig sind, werden sie typischerweise von geringerer Bedeutung sein als die gegenwärtigen. Schließlich besteht immer die Möglichkeit, dass eine der beiden Parteien in Zukunft zur Fortsetzung ihrer Beziehung nicht mehr verfügbar sein wird oder dass sich die Verhältnisse ändern, so dass A über seinen Kapitalstrom nicht mehr verfügen kann. Um diese Überlegung zu formalisieren, führen wir eine positive Zahl r ein, welche die Rate misst, mit der jede Partei die zukünftigen Erträge aus der Zusammenarbeit diskontiert. (Diskontieren trägt der Tatsache Rechnung, dass z. B. ein Euro, den man im nächsten Jahr erhält, zum gegenwärtigen Zeitpunkt weniger wert ist, und zwar im Ausmaß des Diskontsatzes r, welcher die Zeitpräferenz einer Person oder einer Gesellschaft ausdrückt. Beträgt etwa mein Diskontsatz r = 5 %, so ist mir ein Euro, den ich in einem Jahr erhalten werde, heute nur rund 95 Cent wert: 95 Cent heute bedeuten mir gleich viel wie ein Euro in einem Jahr. Wir werden sehen, dass im gegenwärtigen Beispiel B's Diskontsatz unerheblich ist. Zur Vereinfachung nehme ich an, dass beide Parteien ihre zukünftigen Kosten und Erträge mit der Rate r diskontieren.) Diese Annahme bedeutet, dass jede(r) bei Berechnungen für das laufende Jahr (also für t = 0) ihre oder seine Erträge der zukünftigen Jahre durch $(1 + r)^t$ dividiert. Der Ausdruck $(1 + r)^t$ bedeutet, dass man $(1 + r)$ mit sich selbst t-mal multipliziert. Bei positivem r ist somit $(1 + r)^t$ größer als eins für alle zukünftigen t; und da die Erträge im Jahr t bei den Berechnungen für das laufende Jahr durch $(1 + r)^t$ dividiert werden, nimmt die Bedeutung dieser Erträge aus heutiger Sicht jährlich mit einem konstanten Prozentsatz r ab. Je kleiner r ist, umso größeres Gewicht wird auf die Erträge aus der zukünftigen Zusammenarbeit gelegt. Wir können somit zeigen, dass – vorausgesetzt, r ist klein – das Paar grundsätzlich eine erfolgreiche langfristige Beziehung eingehen könnte, bei der A jedes Jahr 4000 € an B vorschießt, die von B erzeugten Güter für 8000 € verkauft und ihr dann 3000 € zahlt. Die formale Theorie einer solchen langfristigen Beziehung wurde von den Mathematikern Robert Aumann und Lloyd Shapley entwickelt und von den Ökonomen Drew Fudenberg, Eric Maskin, Ariel Rubinstein und anderen erweitert. Ich möchte hier nur eine Illustration über die Funktionsweise dieser Theorie präsentieren.

Überlegen wir uns einmal folgende Verhaltensregeln, die A übernehmen könnte: 1. Beginne mit einem Vorschuss von 4000 € an B, 2. wenn sie die Güter erzeugt, dann verkaufe sie während des Jahres, 3. teile die Erträge entsprechend dem Übereinkommen, 4. setze dieses Verhalten Jahr für Jahr fort, solange kein Partner das Übereinkommen bricht, 5. beende jedoch die Beziehung für immer im Jahr nach dem ersten Vertragsbruch durch einen der beiden Partner. Dementsprechend könnte B die folgende Verhaltensregel annehmen: Arbeite zuverlässig für B, solange kein Partner das Übereinkommen bricht; verweigere jedoch jede weitere Zusammenarbeit ab dem Jahr nach der ersten Vertragsverletzung durch einen der beiden Partner.

Die beiden Regeln enthalten einen gemeinsamen Gedanken: Beginne kooperativ und setze die Zusammenarbeit so lange fort, als keine der beiden Parteien ihr Wort bricht, beende jedoch die Kooperation nach der ersten Abweichung vom Vertrag seitens eines der beiden Partner für immer. Widerruf der Zusammenarbeit ist die Sanktion. Spieltheoretiker haben diese ungnädigste aller Regeln ›Drohungsstrategie‹ getauft, oder einfach ›Drohung‹. Als Nächstes zeigen wir, dass Drohung einer langfristigen Beziehung förderlich sein kann, vorausgesetzt, dass r nicht zu groß ist.

Betrachten wir zuerst B. Angenommen, A wendet Drohung an und B ist das auch bewusst. Er schießt ihr das Kapital zu Beginn des Jahres 0 vor. B's beste Handlungsoption ist offensichtlich: Halte das Abkommen ein. Angenommen, sie würde den Vertrag brechen. Dann würde sie 1000 € verlieren (ihren Anteil von 3000 € minus 2000 €, die sie durch die Erzeugung von Gütern für ihren Haushalt verdient) und in zukünftigen Jahren nichts verdienen (zur Erinnerung: A wendet Drohung an). Das bedeutet, dass B unabhängig von ihrem Diskontsatz am besten ebenfalls Drohung übernimmt, wenn A Drohung eingesetzt hat.

Schwieriger sind A's Überlegungen. Angenommen, B wendet Drohung an und A ist das auch bewusst. Wenn er ihr das Arbeitskapital vorgeschossen hat, dann wird sie im Jahr 0 zuverlässig für ihn gearbeitet haben. A überlegt nun, was er machen soll. Wenn er das Abkommen nicht einhält, würde er einen Gewinn von 4000 € erzielen (8000 € minus 4000 €, die er mit seinem Kapital ohne die Geschäftsbeziehung mit B hätte verdienen können). Da er aber der Auffassung ist, dass B Drohung anwendet, muss er auch glauben, dass B Vergeltung üben und nie mehr für ihn arbeiten würde. Daher muss er gegen den Gewinn eines einzigen Jahres von 4000 den Verlust von 1000 (der entgangene Gewinn aus der Partnerschaft) in allen Folgejahren aufrechnen, beginnend mit dem Jahr 1. Dieser Verlust, zurückgerechnet auf das Jahr 0, ist die Summe von €1000 $/(1+r) + 1000 / (1+r)^2 + 1000 / (1+r)^3 + \ldots$ bis unendlich; man kann zeigen, dass diese Summe gleich $1000/r$ € ist. Wenn $1000/r$ € größer als 4000 ist, liegt es nicht im Interesse von A, das Übereinkommen zu brechen, was bedeutet, dass er am besten auch Drohung anwendet. $1000/r$ ist jedoch nur dann größer als 4000, wenn r kleiner als ¼ oder 25 % pro Jahr ist. Damit haben wir bewiesen, dass es bei einem r kleiner als 25 % im Interesse beider Partner liegt, Drohung anzuwenden. Wenn jedoch beide Drohung übernehmen, dann wird keiner als erster abtrünnig werden, was bedeutet, dass das Übereinkommen eingehalten würde. Damit haben wir bewiesen, dass Drohung als soziale Norm zur Aufrechterhaltung einer langfristigen Beziehung zwischen dem Prinzipal (A) und der Agentin (B) dienen kann.

Ökonomen haben Belege für Drohung bei sozialen Interaktionen gefunden, Drohung scheint am ehesten dort zu gelten, wo die Menschen auch Zugang zu formalen Märkten haben. In Destas Welt gibt es jedoch keine Hinweise auf Drohung. Sanktionen werden dort stufenweise eingesetzt, das erste Vergehen wird nur geringfügig bestraft, nachfolgende werden strenger bestraft, andauerndes Fehlverhalten wird noch strenger bestraft und so weiter. Wie lässt sich das erklären?

Drohung wird eher dort gelten, wo formale Märkte und

langfristige Beziehungen nebeneinander bestehen. Drohung umfasst permanente Sanktionen, ein Mittel, das dazu dient, die Menschen von opportunistischen Handlungen abzuhalten, wenn sich von Zeit zu Zeit kurzfristig günstige Gelegenheiten dazu bieten würden. Wenn es jedoch, wie in Destas Dorf, wenig Alternativen zu langfristigen Beziehungen gibt, dann sind gemeinschaftliche Regelungen für alle sehr wertvoll. Drohung anzuwenden würde in einer Welt, in der die künftigen Erträge einer Kooperation mit einer niedrigen Rate diskontiert werden, über das Ziel hinausschießen. Aus diesem Grund enthalten die geltenden Normen weniger drakonische Strafen als Drohung. Ein einmaliges Vergehen wird als Fehler seitens des Fehlbaren interpretiert oder als ein ›Versuchsballon‹ (um herauszufinden, ob die anderen auch wachsam sind). Deswegen beobachtet man häufig stufenweise Sanktionen.

Unser allgemeines Ergebnis lautet somit: Soziale Verhaltensnormen können Kooperationen aufrechterhalten, wenn für die Menschen zukünftige Erträge aus der Kooperation wichtig genug sind. Die genauen Bedingungen und Bestimmungen werden vermutlich über Zeit und Ort variieren; gemeinsam ist ihnen allen, dass die Kooperation wechselseitig durchgesetzt wird, sie beruht nicht auf externer Durchsetzung.

Es gibt aber auch eine schlechte Nachricht: Als Ergebnis könnte auch eintreten, dass Menschen nicht zusammenarbeiten, selbst wenn ihnen zukünftige Erträge wichtig sind. Um das zu erkennen, stellen wir uns vor, dass jeder Partner glaubt, dass alle anderen das Übereinkommen brechen werden. Es wäre dann im höchsten Interesse eines jeden, das Übereinkommen sofort zu brechen, es würde also zu keiner Zusammenarbeit kommen. Selbst wenn in unserem Zahlenbeispiel r kleiner als 25 % wäre, ist ein unkooperatives Verhalten ebenfalls ein Nash-Gleichgewicht: A schießt die Rohmaterialien im Wert von 4000 € nicht vor, da er weiß, dass B nicht für ihn arbeiten wird; sie würde sich weigern, weil sie befürchtet, dass A seine Zusage, den Erlös zu teilen, nicht einhalten wird; diese Befürchtung ist berechtigt, da A beabsichtigt, die 8000 € nicht mit ihr zu teilen, nachdem sie die Güter produziert hat usw. Ein Scheitern der Kooperation könnte einfach auf einem unglücklichen Paar sich selbst bestätigender Einstellungen beruhen und sonst nichts. Zweifellos ruiniert wechselseitige Verdächtigung die Möglichkeit zur Zusammenarbeit, die Verdächtigungen sind jedoch in sich konsistent. Kurz gesagt, selbst wenn es geeignete Institutionen gibt, um den Menschen eine Kooperation zu ermöglichen, müssen sie nicht notwendigerweise kooperieren. Ob sie kooperieren, hängt lediglich vom wechselseitigen Vertrauen ab. Dieses Ergebnis ist mir seit Jahren bekannt, dennoch ist es für mich immer noch eine überraschende und verstörende Tatsache über das gesellschaftliche Zusammenleben.

Könnte unser Paar eine Partnerschaft eingehen, wenn r größer als 25 % ist? Die Antwort lautet: Nein. Da Drohung absolut nicht verzeiht, könnte keine andere Regel eine stärkere Sanktion für ein einzelnes Vergehen auferlegen. Wenn B Drohung anwendet, dann ist die Versuchung für A, das Übereinkommen zu brechen, geringer als bei jeder anderen Verhaltensregel; das bedeutet, dass keine andere Verhaltensregel eine Partnerschaft aufrechterhalten könnte, wenn r größer als 25 % ist. Die Untersuchung der Drohung ist deswegen relevant, weil sie uns in vielen Fällen – so wie im gegenwärtigen – erlaubt, den größten Wert von r zu ermitteln, bei dem eine Kooperation überhaupt möglich ist.

Damit verfügen wir über ein Instrumentarium, mit dem wir erklären könnten, wie eine Gesellschaft von Kooperation in Nicht-Kooperation schlittert. Ökologische Überbeanspruchung – verursacht z. B. durch wachsende Bevölkerung oder durch anhaltende Dürre – führt häufig zu Kämpfen um Land und natürliche Ressourcen (Kap. 7). Politische Instabilität – im Extremfall Bürgerkrieg – könnte wiederum ein Grund dafür sein, dass sich sowohl A als auch B sorgen könnten, dass A's Kapital zerstört oder beschlagnahmt werden könnte. Daher würde A nunmehr die zukünftigen Erträge der Kooperation mit B zu einem höheren Satz diskontieren. Ebenso würde r steigen, wenn beide fürchten, dass die Regierung sehr viel stärker dazu neigt, gemeinschaftliche Institutionen zu zerstören, um ihre eigene Autorität zu stärken. Die Beziehung würde, aus welchem Grund auch immer, zusammenbrechen, wenn r über 25 % steigen würde. Mathematiker bezeichnen jene Punkte, bei denen solche sprunghaften Wechsel eintreten, als ›Bifurkationen‹. Soziologen sprechen von ›kritischen Ereignissen‹. Soziale Normen funktionieren nur dann, wenn die Menschen Gründe dafür haben, zukünftige Erträge der Kooperation zu schätzen.

Das lässt sich durch aktuelle Beispiele veranschaulichen. Man hat beobachtet, dass sich lokale Institutionen in den Unruheregionen Afrikas südlich der Sahara verschlechtern. Kommunale Managementsysteme, die bislang die

Wälder des Sahel vor Übernutzung schützten, wurden durch Regierungen zerstört, die bestrebt waren, ihre Autorität über die Landbevölkerung zu errichten. Die Beamten des Sahel hatten weder eine Ahnung von Forstwirtschaft, noch verfügten sie über die Mittel, um festzustellen, wer wie viel den Wäldern entnahm. Viele waren korrupt. Die ländlichen Gemeinschaften waren nicht fähig, von kommunaler Steuerung zu einer auf formalem Recht beruhenden Steuerung überzugehen: Erstere war zerstört, letztere kam nicht vom Fleck. Das kollektive Vakuum hat sich auf die Menschen, deren Leben auf ihren Wäldern aufgebaut war, katastrophal ausgewirkt.

Verhängnisvollerweise gibt es noch raffiniertere Wege, auf denen eine Gesellschaft von einem Zustand des gegenseitigen Vertrauens in einen des gegenseitigen Misstrauens kippen kann. Unser Modell der Partnerschaft zwischen A und B zeigte, dass für ein r kleiner als 25 % sowohl Kooperation als auch Nicht-Kooperation Gleichgewichtszustände sein können. Das Beispiel sagt uns somit, dass eine Gesellschaft von Kooperation zu Nicht-Kooperation allein aufgrund einer Veränderung des Vertrauens kippen kann; die gesamte Verhaltensänderung könnte in den Köpfen der Leute ausgelöst werden. Dieser Wechsel könnte rasch und unerwartet passieren, weswegen es unmöglich wäre, ihn vorherzusagen, er würde auch Überraschung und Bestürzung hervorrufen. Menschen, die morgens als Freunde aufwachen, finden sich mittags im Krieg gegeneinander wieder. Tatsächlich lassen sich in der Realität bereits vorher Hinweise erkennen. Falsche Gerüchte und Propaganda schaffen Wege, auf denen die Einstellungen der Menschen sich derart ändern können, dass sie sich von einer Gesellschaft, in der die Menschen einander vertrauten, in eine wandeln, in der das nicht der Fall ist.

Auch das Gegenteil kann eintreten, was allerdings dann wesentlich länger dauert. Eine Gemeinschaft wieder aufzubauen, die durch Unruhen zugrunde gerichtet wurde, bedeutet Vertrauen zu errichten. Nicht-Kooperation erfordert nicht so viel Koordination wie Kooperation. Um zu kooperieren, müssen die Menschen nicht nur einander vertrauen, sondern sie müssen sich auch über soziale Normen derart verständigen, dass sie jeder versteht. Deswegen ist es wesentlich einfacher, eine Gesellschaft zu zerstören, als eine aufzubauen.

Wie schlägt sich eine Zu- oder Abnahme an Kooperation in den makroökonomischen Statistiken nieder? Unser Zahlenbeispiel erfasste den springenden Punkt, dass nämlich eine Zunahme der Kooperation die Einkommen erhöht, da sie eine effizientere Allokation der Ressourcen erlaubt: Sowohl A's Kapital als auch B's Arbeit konnten durch Kooperation einer besseren Verwendung zugeführt werden. Nehmen wir zwei Gemeinschaften, die in jeder Hinsicht gleich sind, mit der Ausnahme, dass in der einen die Menschen eine Koordination bei gegenseitigem Vertrauen erreicht haben, in der anderen eine Koordination, bei der sie einander nicht trauen. Der Unterschied zwischen den beiden Ökonomien würde sich in ihrer totalen Faktorproduktivität widerspiegeln, die in jener Gemeinschaft, in der die Menschen einander vertrauen, höher wäre, als in jener, in der sie einander nicht trauen. Weil sich die Menschen in ersterer höherer Einkommen erfreuen, können sie auch – cet. par. – mehr Einkommen zur Seite legen, um Kapitalgüter zu akkumulieren. Daher ist das

Wachstum des BIP auch höher. Aus der Sicht der Statistik würde gegenseitiges Vertrauen als ein Motor des Wirtschaftswachstums interpretiert.

Gemeinschaften und Märkte

Wie sind jene Menschen, die nun interagieren, überhaupt miteinander in Kontakt gekommen? Für Destas Dorf ist die Antwort einfach: Die meisten kennen einander von Geburt an. Menschen, die sich auf langfristige Beziehungen auf der Grundlage von sozialen Normen einlassen – kurz: Gemeinschaften –, müssen einander zumindest indirekt durch Leute kennen, die ihnen persönlich bekannt sind. So kennt z. B. Destas Vater die meisten Mitglieder des *iddir*, dem er angehört. Die Familie kennt alle, mit denen sie sich die Allmende teilt. Gemeinschaften sind persönlich und ausschließend. Ihre Mitglieder haben Namen, Persönlichkeit und Eigenschaften. Das Wort eines Außenseiters gilt weniger als das eines Mitglieds der Gemeinschaft.

Im Gegensatz dazu ist das Kennzeichen von Transaktionen, die gesetzlichen Regelungen unterliegen, dass sie zwischen Leuten abgewickelt werden können, die einander nicht kennen. Die Menschen in Beckys Welt sind mobil, ein Verhaltensmuster, das nicht unabhängig von der Tatsache ist, dass sie Geschäfte mit Leuten machen können, die sie nicht kennen. Meistens kennt weder Becky die Verkäuferinnen in den Geschäften des Einkaufszentrums in ihrer Stadt, noch kennen diese Becky. Wenn Beckys Eltern von der Bank Geld borgen, dann stammen die ihnen zur Verfügung gestellten Mittel von unbekannten Einlegern. Buchstäblich werden täglich Millionen Transaktionen zwischen Leuten durchgeführt, die einander nicht kennen und auch nie kennenlernen werden. Häufig werden Geschäfte nur einmal abgewickelt, im Unterschied zu Geschäften, die auf langfristigen Beziehungen beruhen. Märkte sind Paradebeispiele für Institutionen, die solche Möglichkeiten bieten. Anders als Gemeinschaften sind Märkte unpersönlich und einschließend. Siehe als Beispiel die häufig verwendete Redewendung: »Mein Geld ist genauso gut wie deines.«

Eigentumsrechte

Eigentumsrechte an einem Gut sind die Rechte, Einschränkungen und Privilegien hinsichtlich seiner Verwendung. Es ist dies ein ganz zentraler Begriff in der Ökonomie, weil er in engem Zusammenhang mit den Anreizen steht, welche Menschen haben, Güter auf die eine oder andere Art zu verwenden. Unvollständig definierte Eigentumsrechte verheißen üblicherweise nichts Gutes, weil niemand in der Lage ist, den vollen Ertrag aus ihrer Nutzung zu ziehen; mit anderen Worten, dass alles in allem niemand einen Anreiz hat, das Gut entsprechend seiner effizientesten Verwendung einzusetzen. Kurz gesagt: Wir werden annehmen, dass Eigentum an einer Ware 1. den Eigentümer dazu berechtigt, die Ware nach seinem Gutdünken zu verwenden und 2. das Recht umfasst, die Ware gegen eine andere Ware zu tauschen (durch Verkauf oder Leasing) oder sie zu verschenken.

Wenn wir von Eigentumsrecht sprechen, so sollten wir uns nicht auf Privateigentum beschränken. In Destas Dorf gibt es eine Reihe von Gütern, die sich im gemeinsamen Eigentum befinden. Sie werden als im ›Gemeinbesitz befindliche Ressourcen‹ (*Common Property Resources,* CPR) oder einfach als ›lokaler Gemeinbesitz‹ bezeichnet. Häufig sind natürliche Ressourcen (Weideland, Teiche, Wälder, Küsten, Mangrovenwälder) CPRs. Aber auch hergestellte Güter können CPRs sein. So haben z. B. Dorfbewohner in wasserarmen Gegenden armer Länder Auffangbecken errichtet, die sowohl als Zisternen als auch als Fischteiche dienen. Diese Becken werden in gemeinsamer Arbeit errichtet und instand gehalten. Aus der Sicht der Dorfbewohner sind sie CPRs. Dort wo CPRs von der Gemeinschaft verwaltet werden, stehen sie nicht allen offen, sondern nur jenen, die historische Rechte darauf haben. Da alle damit verbundenen Geschäfte üblicherweise nicht über Marktpreise ablaufen, gehen sie oft nicht in die volkswirtschaftliche Gesamtrechnung ein (Kap. 7).

Es gibt aber auch eine schlechte Nachricht über die Institutionen, die die Nutzung von CPRs regeln. Anrechte auf die Produkte der CPRs beruhen häufig auf privatem Landbesitz: Reiche Haushalte erfreuen sich eines größeren Teils des Nutzens aus dem lokalen Gemeinbesitz. In Indien ist der Zugang zu den ergiebigeren Teilen der CPRs nicht selten den Angehörigen von Hindu-Kasten vorbehalten. Es ist auch bekannt, dass Frauen manchmal ausgeschlossen sind – z. B. von im Gemeinbesitz befindlichen Wäldern. Gemeinschaften können genauso rücksichtslos sein wie Märkte.

Man muss CPRs streng von Gütern unterscheiden, zu

Abb. 6: Kinder beim Sammeln von Brennholz im lokalen Gemeinbesitz (© Dominic Harcourt-Webster / Panos Pictures)

denen offener Zugang herrscht. Diese letzte Kategorie umfasst Güter, die allen gehören, was bedeutet, dass sie niemandem gehören. Es ist unüblich, dass jemand etwas herstellt und dann darüber frei verfügen lässt, mit Ausnahme des allgemeinen Wissens über das ›Wesen der Dinge‹; deswegen beschränken sich Güter mit offenem Zugang typischerweise auf unbegrenzte natürliche Ressourcen wie die Atmosphäre und das offene Meer.

Selbst wenn das Recht an einem Eigentum unbestritten ist, kann es vorkommen, dass es schlecht bewirtschaftet wird. Das kann z. B. dann der Fall sein, wenn die Besitzer nicht kooperieren können (eine nicht verwaltete CPR) oder wenn die Manager des Eigentums sich korrupter Praktiken bedienen (das Aufblähen der Gewinne eines Unternehmens durch zweifelhafte Bilanzierungspraktiken) oder wenn die Direktoren von Unternehmen Entscheidungen treffen, die nicht im Interesse der Aktionäre sind. Solange die Mitglieder der Gemeinschaft die zukünftigen Erträge der Kooperation nicht mit einer allzu hohen Rate diskontieren, kann die Glaubwürdigkeit von allgemeinen Übereinkommen über die Verwendung von CPRs durch den Rückgriff auf soziale Normen erreicht werden. Warum schaffen es dann die Menschen typischerweise nicht, ein Übereinkommen über die Verwendung frei zugänglicher Ressourcen zu erzielen? Die Antwort besteht darin, dass solch eine Kooperation zu viele Menschen mit verschiedenen Bedürfnissen und Absichten umfassen würde. Darüber hinaus steigt die Inanspruchnahme frei zugänglicher Güter mit den immer billiger werdenden Methoden zur Ausbeutung natürlicher Ressourcen und einem Wirtschaftswachstum, das in zunehmendem Maße Abfall produziert, der irgendwo deponiert werden muss. Das erklärt, warum die Fischgründe auf dem offenen Meer und die Atmosphäre als Abfalleimer für Kohlendioxidemissionen immer höheren Belastungen ausgesetzt sind. Frei zugängliche Ressourcen werden übernutzt, weil niemand für das Recht der Nutzung zahlen muss.

Teilweise hängt es von den Eigenschaften des Gutes ab, ob das Eigentum daran privat oder allgemein sein wird oder ob freier Zugang vorliegt. Bewegliche Ressourcen können nur schwer privatisiert werden, man kann aber bei einigen durchaus verhindern, dass sie frei verfügbar werden. So ist bekannt, dass Gemeinschaften das Wasser eines Flusses gemeinsam nutzen, auch Küstenfischfang ist häufig eine CPR. Die entsprechenden Übereinkommen werden entweder von einem Außenstehenden überwacht oder wechselseitig durchgesetzt.

Es ist kein Zufall, dass bis zu 20 % von Destas Haushaltseinkommen aus der lokalen Allmende stammen, während die CPR in Beckys Umfeld den Haushalten bestenfalls die Möglichkeit für ein Picknick bietet. Historische Studien zeigen, dass CPRs mit wachsender Wirtschaft an Bedeutung verlieren. Sie nehmen deswegen ab, weil sich die relativen Knappheiten von Waren und Dienstleistungen mit dem Wirtschaftswachstum ändern. Im Vergleich zu produziertem Kapital und zu Humankapital ist der zur Verfügung stehende Grund und Boden ziemlich konstant. Außerdem führen wissenschaftlicher und technischer Fortschritt zu zusätzlichen produktiven Verwendungsmöglichkeiten von Grund und Boden. Eine Gruppe von Leuten möchte das Land für eine bestimmte Art der Verwendung erschließen, eine andere Gruppe wieder für andere Zwecke verwenden. Der Druck zur Privatisierung steigt, je schwieriger es für die Gemeinschaften wird, sich über die Verwendung von auf Grund und Boden beruhenden CPRs zu einigen.

Waren und Dienstleistungen: Klassifizierungen

Es ist sinnvoll, einen Gegenstand von einem anderen zu unterscheiden, wenn sie tatsächlich voneinander verschieden sind. Waren und Dienstleistungen werden üblicherweise durch ihre physischen und chemischen Eigenschaften unterschieden (Trinkwasser unterscheidet sich zum Beispiel von Weizen). Im allgemeinen sehen Menschen ein, dass Waren und Dienstleistungen auch durch ihr räumliches Vorkommen unterschieden werden sollten, was in der abfälligen Redewendung »Eulen nach Athen tragen« zum Ausdruck kommt. Daher ist Trinkwasser in der Sahara ein anderes Gut als Trinkwasser in Alaska. Der Ökonom Erik Lindahl zeigte vor vielen Jahren, dass man Waren und Dienstleistungen auch durch ihre zeitliche Präsenz voneinander unterscheiden sollte, wenn man Borgen, Sparen, Verleihen und Investieren (Kap. 6) verstehen will. Wenn Trinkwasser heute ein anderes Gut im Vergleich zu Trinkwasser morgen ist, so sollten wir dieser Tatsache Rechnung tragen. Aus Lindahls Darstellung folgt, dass ein dauerhaftes Gut als der Strom von Leistungen betrachtet werden sollte, den es im Lauf der Zeit hervorbringt.

Der Ökonom Kenneth Arrow zeigte, dass Güter sogar noch genauer voneinander unterschieden werden sollten. Er argumentierte, dass wir Waren und Dienstleistungen auch durch die Unsicherheit ihres Vorkommens unterscheiden sollten, wenn wir Versicherungen und Aktienmärkte verstehen wollen. Aus Arrows Analyse folgt, dass Trinkwasser morgen im Falle von Kälte ein anderes Gut sein wird als Trinkwasser morgen im Falle von Hitze.

Wenn wir für die Zukunft planen, so müssen wir dafür sorgen, auch in Zukunft Güter verfügbar zu haben. Wenn ein Händler in Beckys Welt Weizen auf Termin kauft – das heißt, er zahlt jetzt für einen Zentner Weizen, der z. B. in sechs Wochen geliefert wird –, so kauft er Weizen von einer bestimmten Beschaffenheit (Korngröße, Feuchtigkeitsgehalt usw.), der auf jeden Fall in sechs Wochen zu liefern ist. Destas Eltern versuchen sicherzustellen, dass die Familie Mais bis zur nächsten Ernte konsumieren kann, indem sie Mais in ihrem Haus einlagern. Im Sinne von Lindahls Klassifizierung kaufen sowohl der Händler als auch Destas Eltern ›Waren mit einem Datum‹. Die Zukunft ist jedoch unsicher. Beckys Eltern kaufen mit der jährlichen Zahlung einer Versicherungsprämie einen Ersatz für ihr Haus im folgenden Jahr, wenn und nur wenn ihr Haus einen Schaden erleidet. (Sie erhalten keine Rückvergütung der Prämie, wenn am Ende des Jahres ihr Haus unbeschädigt ist.) Das Gut, das sie kaufen, ist ein Haus, welches ihr derzeitiges im folgenden Jahr ersetzt, wenn und nur wenn ihr gegenwärtiges Haus beschädigt wird. In Arrows Terminologie kaufen sie ein ›bedingtes Gut‹.

Private Güter, öffentliche Güter und Externalitäten

Unter einem ›privaten Gut‹ verstehen Ökonomen ein Gut, dessen Verwendung rivalisierend und ausschließbar ist. Nahrungsmittel sind der Inbegriff eines privaten Gutes. Wenn jemand von einer gegebenen Menge an Nahrungsmitteln eine zusätzliche Einheit konsumiert, dann verbleibt allen anderen zusammengenommen insgesamt eine Einheit weniger für ihren Konsum (das ist mit ›rivalisierend‹ gemeint); und sie oder er kann alle anderen vom Konsum dieses Nahrungsmittels ausschließen, solange ihr oder sein Eigentum an diesem Nahrungsmittel geschützt wird (das versteht man unter ›ausschließbar‹). In starkem Gegensatz dazu ist ein ›öffentliches Gut‹ ein Gut, dessen Konsum nicht-rivalisierend und nicht-ausschließbar ist.

Wenn ein Land dafür gerüstet ist, sich gegen einen Angriff zu verteidigen, so schützt es nicht nur alle, die bereits dort wohnen, es würde auch keine zusätzlichen Kosten verursachen, jemanden zu schützen, der in dieses Land übersiedelt (das ist die Bedeutung von ›nicht-rivalisierend‹); außerdem wäre es nicht möglich, irgendjemanden, der dorthin übersiedelt, von diesem Schutz auszuschließen (das wird unter ›nicht-ausschließbar‹ verstanden). Es gibt aber auch öffentliche ›Ungüter‹. Die Abwässer einer Papierfabrik sind ein naheliegendes Beispiel.

Öffentliche Güter sind das Spiegelbild von Ressourcen, zu denen offener Zugang besteht. Im Gegensatz zu Ressourcen mit offenem Zugang, die übernutzt werden, werden öffentliche Güter in zu geringem Ausmaß angeboten, wenn es nach den Plänen des Einzelnen geht. Die Ökonomen Knut Wicksell und Paul Samuelson führten dieses zu geringe Angebot auf Anreize zum Trittbrettfahren bei von anderen bereitgestellten Gütern zurück. Entscheidend ist, dass nach Bereitstellung eines öffentlichen Gutes der Zugang zu diesem Gut offen ist. Private Anreize zur Bereitstellung des Gutes werden jedoch diesen weiteren Nutzen nicht mit einrechnen. Wicksell und Samuelson bewiesen, dass dieses Problem durch gemeinsame Aktion überwunden werden kann. Solche Aktionen können eine der beiden Formen annehmen: 1. öffentliche Bereitstellung; 2. öffentlich subventionierte private Bereitstellung. Bei geographisch beschränkter Reichweite eines öffentlichen Gutes (Waldbestand eines Wasserschutzgebiets; lokales Abwassersystem) kann man unter ›öffentlich‹ die Gemeinschaft oder die lokale Verwaltung verstehen. Auf jeden Fall bewegen wir uns im Bereich der Lokalpolitik. In Destas Welt werden öffentliche Güter in der Regel von der Gemeinschaft bereitgestellt; in Beckys Welt liegen sie in der Verantwortung der lokalen Verwaltung. In keiner der beiden Welten geht die Initiative vom Markt aus. Wenn das öffentliche Gut sich auf die nationalen Grenzen beschränkt (Landesverteidigung), umfasst gemeinsame Aktion den Staat und damit die Politik eines Landes. Wenn das öffentliche Gut keiner Beschränkung unterliegt (die Luftströme, die das Weltklima beeinflussen), können gemeinsame Aktionen nur von der internationalen Gemeinschaft und damit der internationalen Politik ausgehen.

Private Bereitstellung eines öffentlichen Gutes führt zur extremen Form eines Effekts, der als ›Externalität‹ bekannt ist. Unter Externalität verstehen wir die Auswirkungen von Entscheidungen auf Personen, die an diesen Entscheidungen keinen Anteil hatten. Manchmal stiften diese Wirkungen Nutzen (das sind dann ›positive Externalitäten‹); in anderen Fällen sind sie nachteilig (›negative Externalitäten‹). Grundschulbildung und öffentliche Gesundheitsmaßnahmen haben positive Externalitäten. Wenn ich gebildet bin, so ist das für mich von Vorteil; aber es nützt auch anderen Gebildeten, weil sie nun mit mir auch schriftlich kommunizieren können. Ebenso kommt es mir zugute, wenn ich mich gegen eine Infektionskrankheit impfen lasse; es ist aber auch für andere vorteilhaft, die gegen diese Erkrankung anfällig sind, da ich nun keine Gefahr mehr für sie darstelle. Stellen wir uns vor, Bildung und Impfung wären private Güter. Jeder Haushalt würde zu wenig investieren, denn keiner würde den Nutzen mit einrechnen, den er für andere stiftet.

Im Gegensatz dazu verursachen Staus auf den Straßen

und die Verschmutzung einer Stadt durch Schwefeloxyde negative Externalitäten. Vermutlich hat man einen Nutzen, wenn man mit dem Auto fährt; man trägt jedoch dadurch zum Stau bei und damit zum Leiden der anderen Verkehrsteilnehmer. Gleichermaßen werden andere Menschen, die in dieser Zone leben, durch die Schwefeloxydemissionen des Autos geschädigt. Bei all diesen Fällen handelt es sich um das Problem des Trittbrettfahrens, das heutzutage von politischen Kommentatoren häufig erwähnt wird. Der Gedanke, dass Trittbrettfahren und Externalitäten eng zusammenhängen, ist schon alt. Der Ökonom A. C. Pigou erkannte das Problem in den zwanziger Jahren des 20. Jahrhunderts und schlug die Verwendung von Steuern bzw. Subventionen vor, um die private Produktion negativer Externalitäten zu reduzieren bzw. die private Generierung positiver Externalitäten zu erhöhen.

Geld

Unter Subsistenzlandwirtschaft verstehen Ökonomen sich selbst versorgende landwirtschaftliche Haushalte. Destas Haushalt entspricht diesem Konzept nicht zur Gänze, aber er kommt ihm ziemlich nahe. Beckys Haushalt unterscheidet sich grundsätzlich davon. Das Einkommen ihrer Eltern wird zum Erwerb all jener Waren und Dienstleistungen verwendet, die sie verbrauchen. Das geschieht dadurch, dass sie auf Märkten handeln. Wenn man alle Transaktionen auflisten würde, die Beckys Haushalt jedes Jahr abwickelt, so würde der Großteil – meist sehr kleine Mengen, wie z. B. Lebensmittel – den laufenden Konsum betreffen.

In Beckys Welt werden Zahlungen in Geld geleistet, ausgedrückt in US-Dollar. Die Banknoten und Münzen, aus welchen das als ›Geld‹ bezeichnete Medium besteht, haben keinen materiellen Wert an sich. Warum besitzen Menschen dann Banknoten und Münzen? Warum brauchen wir überhaupt solch ein Tauschmittel?

Stellen wir uns eine Welt vor, wo jedermann als völlig vertrauenswürdig eingeschätzt wird; wo keinerlei Kosten durch Berechnungen, Erinnerungen an und das Erkennen von Menschen entstehen; und wo alle Transaktionen – ob hier und jetzt oder im Verlauf der Zeit, über große Entfernungen hinweg oder mit unsicherem, zufälligem Ausgang – ohne Kosten durchgeführt werden können. In so einer Welt könnten die Menschen ihre Geschäfte lediglich auf der Grundlage des gegebenen Wortes abwickeln. Es bestünde keine Notwendigkeit für Geld.

In so einer Welt leben wir jedoch nicht. Um zu erkennen, warum Geld in unserer Welt ein notwendiges Tauschmittel ist, nehmen wir an, dass Person A Weizen besitzt, Person B Reis und Person C Mais. Nehmen wir weiter an, dass A gerne Reis haben möchte, B Mais und C Weizen. Bilateraler Tausch wäre unmöglich, da das fehlt, was Ökonomen als ›doppelten Zufall der Bedürfnisse‹ bezeichnen: A hätte gerne B's Reis, kann aber mit B nicht tauschen, da B den Weizen von A nicht will usw. Das Beispiel ist vielleicht etwas übertrieben, das angesprochene Problem ist jedoch sehr real. Die Verwendung von Geld als Tauschmittel ermöglicht es den Menschen, selbst bei Abwesenheit von doppeltem Zufall der Bedürfnisse miteinander Geschäfte zu machen. Geld ist sowohl in Beckys als auch in Destas Welt ein gesetzliches Zahlungsmittel, weil die Regierungen in ihren Ländern das behaupten und diese Aussage mittels ihrer Autorität stützen. Paul Samuelson entwickelte ein Modell, das sich von unserem vorangehenden (die Partnerschaft zwischen den Personen A und B) nicht sehr wesentlich unterscheidet und mit dem er zeigte, dass Menschen Geld halten, obwohl es ohne eigentlichen Wert ist, damit sie Waren und Güter kaufen können, ohne selbst tauschfähige Waren und Güter zu besitzen. Geld ist somit nicht nur ein Tauschmittel, sondern auch ein Wertaufbewahrungsmittel. Beckys Haushalt könnte nicht überleben, wenn er nicht in einer Geldökonomie lebte. Destas Haushalt könnte gerade noch überleben, weil er nahezu selbstversorgend ist. Wir sollten jedoch vermeiden, Kausalität hineinzuinterpretieren, wo keine gegeben ist. Wenn Beckys Haushalt in einem Umfeld ohne Märkte lebte, würde er ebenfalls versuchen, selbstversorgend zu werden. Die Familie wäre hilflos, wenn ihr Vater dann von seinen Fähigkeiten als Rechtsanwalt leben wollte. Und selbst Destas Eltern brauchen selbstverständlich Geld, um jene Güter zu kaufen, die auf den wenigen Märkten in ihrer dörflichen Umgebung verfügbar sind. Sie akzeptieren Geld für das Getränk, das Destas Mutter braut, und für den Teff, den ihr Vater anbaut.

Die vom Staat ausgegebenen Banknoten und Münzen sind nicht die einzige Art von Geld in Beckys Welt. Geschäftliche Transaktionen verwenden häufig Schecks, die von einer Bank auf eine andere gezogen werden. Da Guthaben auf Girokonten auch als Tauschmittel dienen, sind sie ebenfalls Geld. Bei Unterfertigung eines Vertrags, haben die beteiligten Parteien bestimmte Vorstellungen vom zukünftigen Wert des Euros, womit ich die Vorstellungen hinsichtlich der Menge an Waren und Dienstleistungen meine, die man in Zukunft mit einem Euro kaufen kann. Diese Vorstellungen beruhen teilweise auf ihrem Vertrauen – genauer ihrer Zuversicht – in die Europäische Zentralbank, den Wert des Euro zu kontrollieren. Diese Vorstellungen hängen natürlich noch von vielen anderen Dingen ab, der wichtige Aspekt bleibt jedoch, dass der Wert des Geldes nur deswegen erhalten bleibt, weil die Menschen daran glauben, dass er erhalten wird. Gleichermaßen wird der Wert des Geldes nicht erhalten bleiben, wenn – aus welchem Grund auch immer – die Menschen fürchten, dass sein Wert nicht erhalten wird. Währungskrisen, wie jene während der Weimarer Republik in Deutschland in den Jahren 1922/23, veranschaulichen, wie ein Vertrauensverlust selbstbestätigend wirken kann. Ansturm auf eine Bank oder Blasen bzw. Abstürze von Aktienmärkten funktionieren genauso. Es gibt eben multiple gesellschaftliche Gleichgewichte, von denen jedes durch eine Reihe von sich selbst verstärkenden Vorstellungen gestützt wird. Eine der wichtigsten Funktionen der Geldpolitik ist die Aufrechterhaltung des Geldwertes.

Geld ermöglicht anonyme Transaktionen. Diese anonymen Transaktionen werden in einem Durchgang abgeschlossen, wenn z. B. Becky CDs in einem Geschäft im Einkaufszentrum ihrer Stadt kauft und diese bar bezahlt. Millionen von Transaktionen werden täglich zwischen Menschen abgewickelt, die einander nicht kennen und die einander auch nie kennenlernen werden. Zum Großteil wird das Problem des Vertrauens in Beckys Welt durch Zuversicht in das Tauschmittel – Geld – gelöst.

Wegen des Mangels an guten Straßen, Elektrizität und Fließwasser können Märkte nicht in Destas Ortschaft vordringen. Im Gegensatz dazu ist Beckys Stadtrandsiedlung in eine riesige Weltwirtschaft eingebettet. Beckys Vater kann sich nur deswegen als Rechtsanwalt spezialisieren, weil sichergestellt ist, dass er mit seinem Einkommen Nahrungsmittel im Supermarkt, Wasser aus der Wasserleitung und die Energie zum Kochen und Heizen kaufen kann. Spezialisierung ermöglicht es den Menschen, insgesamt mehr zu produzieren, als sie herstellen könnten, wenn jeder verschiedene Tätigkeiten ausüben müsste. Adam Smith traf die berühmte Aussage, dass Arbeitsteilung durch die Größe des Marktes beschränkt ist. Weiter oben stellten wir fest, dass sich Destas Haushalt nicht spezialisiert, sondern so ziemlich alles für seinen täglichen Bedarf aus den Rohmaterialien selbst herstellt. Darüber hinaus sind die vielen Transaktionen, die der Haushalt mit anderen abwickelt, durch soziale Normen geregelt und haben daher notwendigerweise persönlichen und beschränkten Charakter. Es liegt eine Welt zwischen Märkten und Gemeinwesen als Grundlage ökonomischer Aktivitäten, eben weil eine Welt zwischen Gesetzen und sozialen Normen liegt.

Kultur

Die Modelle, die wir untersucht haben, erfassen die nur allzu vertrauten Situationen, in denen Kooperation Institutionen erfordert (Einrichtungen zur Durchsetzung von Übereinkommen, in denen festgelegt ist, wer auf wen zu achten hat, wer wem gegenüber verantwortlich ist usw.), wo aber auch Nicht-Kooperation ein mögliches Ergebnis ist, selbst wenn es derartige Institutionen gibt. Wir wissen, dass manche Institutionen in einem bestimmten Umfeld gut funktionieren, in einem anderen wieder nicht. Ein Staat kann sich eine aufgeklärte Verfassung geben, ob sich jedoch seine Bürger dazu durchringen, innerhalb dieser Verfassung zu handeln, ist eine ganz andere Sache. Wofür sich Menschen entscheiden, hängt unter anderem davon ab, was sie voneinander halten. Die von mir hier entwickelte Theorie erklärt diese Vorstellungen nicht; sie leistet nur die Identifikation jener, die selbstbestätigend sind. Ökonomen nennen sie ›rationale Vorstellungen‹. Dabei sind mit dem Begriff ›rational‹ keine tieferen philosophischen Bedeutungen verbunden: Rationale Vorstellungen sind nicht mehr als Vorstellungen, die selbstbestätigend sind. Die Modelle zeigten uns, dass in vielfältigen Alltagssituationen rationale Vorstellungen nicht einzigartig sind. Manche führen zu Ergebnissen, die das menschliche Wohlergehen schützen und fördern, andere wirken eher dagegen. Was führt zu den einen oder zu den anderen rationalen Vorstellungen? Könnte es Kultur sein?

In seinem berühmten Beitrag über den Einfluss von Kultur auf die wirtschaftliche Entwicklung bestand für den Soziologen Max Weber die Kultur einer Gemeinschaft aus den von allen geteilten Werten und Verhaltensregeln, nicht nur aus den Vorstellungen. Derart weitgefasste Studien wie die Max Webers können nicht leicht zusammengefasst werden, aber die kausalen Mechanismen, die Weber selbst in seiner Arbeit über die protestantische Ethik und den Geist des Kapitalismus vermutlich bevorzugte, führen von der Religion über persönliche Gewohnheiten zu Institutionen und damit zu wirtschaftlichen Ergebnissen.

Kultur als Erklärung für wirtschaftliche Leistungen war in den letzten Jahrzehnten unter Sozialwissenschaftlern nicht besonders populär, erlebte aber in jüngster Zeit eine Renaissance. So haben zum Beispiel Ökonomen ein Maß für Vertrauen in Gesellschaften aus der »Welt-Werte-Studie« (*World Values Survey*) konstruiert, die in den frühen 1980er und 1990er Jahren jeweils tausend zufällig ausgewählte Personen in vierzig Ländern erfasste und sie befragte, ob sie, allgemein ausgedrückt, der Meinung seien, dass man den meisten Menschen trauen könne oder dass man im Umgang mit Menschen nicht vorsichtig genug sein könne. Vertrauen wurde mittels des Prozentsatzes jener gemessen, die antworteten, dass man den meisten Leuten trauen könne (es zeigte sich, dass die Prozentsätze in den beiden Erhebungen ziemlich ähnlich waren). Die Forscher berücksichtigten die Unterschiede im Pro-Kopf-BIP zwischen den erfassten Ländern. Die Daten zeigten, dass Vertrauen einerseits und Effizienz des Rechtssystems, Einhaltung der Steuergesetze, Qualität der Bürokratie, Bürgerbeteiligung, Überlebensrate der Kinder, Bildungserrungenschaften, die Leistungen großer Unternehmen und Wachstum des Pro-Kopf-BIPs andererseits Hand in Hand gingen. Sie waren, im statistischen Jargon, signifikant positiv korreliert. Die Daten zeigten auch – wenig überraschend –, dass Vertrauen und staatliche Korruption sich ebenfalls gemeinsam entwickelten, allerdings in entgegengesetzte Richtungen. Die beiden Variablen waren signifikant negativ korreliert.

Wir könnten aus der »Welt-Werte-Studie« schließen, dass sich Vertrauen günstig auf Wirtschaftswachstum und zusätzlich noch ein paar andere gute Dinge auswirkt. Die Studie identifiziert jedoch weder die Gründe, warum das Ausmaß des Vertrauens in den ausgewählten Ländern so ist, wie es ist. Noch *könnte* sie die Gründe identifizieren. Das stellt ein Problem dar. Da sich Vertrauen nicht in einem Vakuum entfaltet, verlangt sein Vorkommen nach einer Erklärung. Was bedeutet, dass die Präsenz von Vertrauen nicht dazu verwendet werden sollte, um die Präsenz von etwas anderem zu erklären. Die statistischen Ergebnisse sagen aus, dass solche aufkeimenden Merkmale einer Wirtschaft wie das Ausmaß des Vertrauens, das Menschen zueinander haben, mit wirtschaftlichem Fortschritt einhergehen, nicht mehr und nicht weniger. Statistiker erinnern uns immer wieder daran, dass Korrelation nicht dasselbe ist wie Kausalität. Das ist ein Hinweis, den die Kommentatoren allzu oft ignoriert haben.

Nichtsdestoweniger stellt die Beobachtung einer positiven Korrelation zwischen Vertrauen und wirtschaftlichem Fortschritt eine nützliche Information dar, weil die von uns entwickelte Theorie einen positiven Zusammenhang voraussagt. Wir wären äußerst überrascht gewesen, wäre die Korrelation negativ ausgefallen. Wir hätten das Ergebnis in Frage gestellt und von vorne beginnen müssen, entweder durch eine neue Erhebung oder durch den Versuch, in den Daten versteckte Variablen zu entdecken, welche für dieses Ergebnis verantwortlich wären.

Das passt alles genau zu der Gedankenkette in Bezug auf die Institutionen, die ich hier verfolgt habe, dass langfristige Beziehungen häufig Substitute für das Vertrauen in die Regierenden sind, öffentliche Dienstleistungen zu erbringen, oder für die Zuversicht in die Fähigkeit formaler Märkte, hinreichend zu funktionieren. Vielleicht gehen die Menschen langfristige Beziehungen ein, wenn andere Institutionen, die ähnliche Aufgaben erfüllen könnten, unzuverlässig sind.

Zusätzlich zu Fragen über Vertrauen enthielt die »Welt-Werte-Studie« eine Liste von Eigenschaften und Gewohnheiten, unter anderem über Sorgfalt im Umgang mit Geld, Sparen von Geld und materiellen Dingen, Entschlossenheit, Gehorsam und Religiosität. Bei der Erhebung wurden die Menschen ersucht, den für sie wichtigsten Aspekt zu benennen. Auf der Grundlage ihrer Antworten haben Politikwissenschaftler einen Kulturindex entwickelt, der die persönliche Leistungsmotivation widerspiegelt. Unter Berücksichtigung anderer Faktoren zeigte sich, dass Unterschiede im Wirtschaftswachstum und im Index für persönliche Motivation zusammenpassen – sie waren positiv und signifikant korreliert.

Auch dieses Ergebnis sollte nicht kausal interpretiert werden. Die Motivation, sich weiterzuentwickeln, könnte auch von den eigenen Erwartungen abhängen, ob sich harte Arbeit lohnt. Eltern würden ihre Kinder nur dann zu persönlichem Ehrgeiz ermuntern, wenn sie zuversichtlich wären, dass solcher Ehrgeiz nicht durch gesellschaftliche Ordnung zunichte gemacht würde. Frauen würden ihren Status nicht verbessern wollen, wenn sie wegen ihrer Kühnheit (rational!) Vergeltungsmaßnahmen fürchteten. Selbst eine Einstellung kann somit eher ein von außen bestimmter als ein bestimmender Faktor sein. Wenn sie ersteres ist, dann sollte ein beobachteter statistischer Zusammenhang zwischen der Kultur des z. B. sorgfältigen Umgangs mit Geld und dem wirtschaftlichen Fortschritt nur als eine Beziehung und weiter nichts interpretiert werden. Ich verwende den Ausdruck ›Kultur‹ hier zur Bezeichnung der Unterschiede in den Meinungen, welche die Menschen voneinander haben. Kultur ist aus dieser Sicht ein Mittel zur Koordination.

Einstellungen anderen gegenüber und gegenüber den eigenen Institutionen sind kennzeichnende Eigenschaften der Kultur einer Gesellschaft. Die bisher von uns analysierten Modelle haben den Akzent auf letztere gesetzt. Im folgenden betrachten wir erstere mittels einer Analyse des gesellschaftlich einflussreichen Verhaltens.

Gesellschaftlich einflussreiches Verhalten

Die Gesamtgeburtenrate (TFR) in Destas Welt ist doppelt so hoch wie jene in Beckys Welt (Abb. 5). Worauf ist die riesige Differenz zurückzuführen?

In Kapitel 6 werden wir Faktoren untersuchen, wie z. B. die Kosten und den Nutzen der Kinder für ihre Eltern und den heutzutage relativ leichten Zugang der Haushalte zu moderner Reproduktionstechnologie und Gesundheitsversorgung. Wir fokussieren dabei auf sozial einflussreiches Verhalten als einen möglichen Einflussfaktor. Anpassung ist ein Beispiel dafür. Unter Anpassung verstehe ich imitierendes oder Herdenverhalten. Reproduktionsverhalten ist dann angepasst, wenn cet. par. die bevorzugte Größe jedes Haushalts umso größer ist, je größer die durchschnittliche Haushaltsgröße jener Gruppe ist, mit der sich der Haushalt identifiziert.

In Abbildung 7 habe ich eine hypothetische Kurve, AB, eingezeichnet, welche die Abhängigkeit der gewünschten Geburtenrate des Durchschnittshaushalts (Y) von der Geburtenrate der Gemeinschaft (X) wiedergibt. Sie ist steigend und spiegelt damit Konformitätsverhalten wider. Ich habe die Kurve AB so gezeichnet, dass sie die 45-Grad-Linie bei drei Werten von X schneidet: bei 2, 4 und 7. Die hypothetische Gemeinschaft würde bei jedem Schnittpunkt ein reproduktives Gleichgewicht aufweisen: Solange die Geburtenrate der Gemeinschaft 7 ist, würde der Durchschnittshaushalt 7 bevorzugen; wenn sie jedoch 2 ist, würde sich der Durchschnittshaushalt 2 wünschen. Anpassung kann daher der Grund für das Bestehen multipler reproduktiver Gleichgewichte sein. Das bedeutet, dass Gemeinschaften, die voneinander räumlich getrennt, aber ansonsten gleich sind, sich ganz unterschiedlich verhalten könnten. In unserem Beispiel könnte die TFR in einigen Gemeinschaften 2 sein, während sie in anderen 7 ist. (Eine TFR von 4 ist ebenfalls ein reproduktives Gleichgewicht, es ist aber instabil, was bedeutet, dass jede geringste Abweichung von 4 im Verlauf der Zeit zu einer noch größeren Abweichung von 4 führt.)

Die Menschen neigen dazu, sich mit mehr als einer Gruppe zu identifizieren. Unsere Essgewohnheiten haben wir häufig von unseren Eltern übernommen, unsere Arbeitsgewohnheiten werden durch die Berufskollegen beeinflusst, unsere Freizeit durch unsere gesellschaftliche Klasse und unsere Reproduktionsziele durch unsere Religion und ethnische Herkunft. Es könnte sein, dass wir konform handeln, weil wir um unseren Status besorgt sind, unser Verhalten signalisiert dann unsere Bereit-

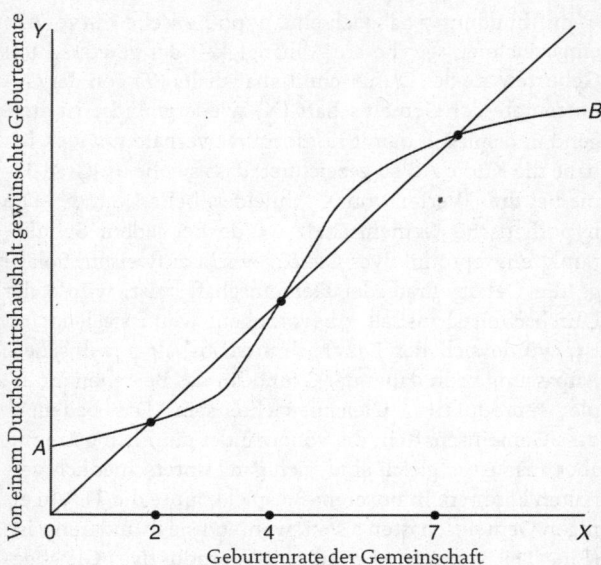

Abb. 7: Zusammenhang zwischen der von einem Durchschnittshaushalt gewünschten Geburtenrate und der Geburtenrate der
Gemeinschaft

schaft, ein Teil der Gruppe zu sein. Unabhängig von der
Grundlage für unseren Konformismus würde es Verhaltensweisen zur Förderung hoher Geburtenraten geben,
die kein Haushalt einseitig verletzen würde. Diese Verhaltensweisen könnten in einer Vergangenheit begründet sein,
in der Mortalitätsraten hoch, ländliche Bevölkerungsdich-
ten niedrig, die Bedrohung der Auslöschung durch Angrif-
fe von außen groß und die Mobilität eingeschränkt waren.

Verhaltensweisen überleben, selbst wenn ihre ursprünglichen Begründungen weggefallen sind, insbesondere wenn Menschen sich zuerst einmal umsehen, was andere tun, bevor sie sich entscheiden, was sie selber machen werden.

Konformistisches Verhalten würde sich im Laufe der Zeit ändern, wenn sich die Referenzgruppe ändert, auf deren Verhalten die Haushalte ihre eigenen Entscheidungen aufbauen. Selbst innerhalb einer Gruppe gibt es solche, die experimentieren, Risiken eingehen und es unterlassen, sich der Gruppe anzuschließen. Sie sind die Traditionsbrecher, die oft als Pioniere handeln. Demographen haben festgestellt, dass gebildete Frauen zu jenen gehören, die den ersten Schritt zu kleineren Familien machen. Mittelklasse-Verhalten kann ebenfalls Auslöser für eine Veränderung sein. Ein möglicherweise noch stärkerer Einfluss ist der, den Zeitungen, Radio, Fernsehen und das Internet ausüben, indem sie Informationen über andere Lebensstile verbreiten. Mit anderen Worten, die Medien können ein Werkzeug sein, durch das Konformismus in steigendem Maße auf dem Verhalten einer breiteren Gruppe als der lokalen Gemeinschaft beruht: die Bezugsgruppe wird erweitert. Erhöhte Konformität mit dem Verhalten von Menschen in fernen Ländern kann irrtümlich sogar für eine Zunahme an Individualität gehalten werden. Wir stehen somit am Anfang einer Theorie der ›demographischen Übergänge‹, worunter wir eine relativ kurze Zeitspanne verstehen, während der die TFR von einer hohen Zahl rasch auf eine relativ niedrige Zahl fällt. In jüngster Zeit hat es Anzeichen für demographische Übergänge sogar im Afrika südlich der Sahara gegeben, wo die TFR von 7–8 auf 4–5 gefallen ist. In Teilen des Kontinents liegt die TFR aber noch nahe bei 8.

Susan Cotts Watkins fand in ihrer Untersuchung der demographischen Veränderungen in Westeuropa während des Zeitraums von 1870 bis 1960, dass sich im Jahre 1870, bevor die massiven Rückgänge in der ehelichen Fertilität in Westeuropa begonnen hatten, das demographische Verhalten innerhalb der Länder stark unterschied. Die Geburtenraten wiesen zwischen den Provinzen (Bezirken, Kantonen) beträchtliche Unterschiede auf, selbst wenn die Unterschiede innerhalb der Provinzen gering waren. Es gab räumliche Häufungen innerhalb eines jeden Landes, die auf die Bedeutung des Einflusses lokaler Gemeinschaften für das Verhalten hinwiesen. Im Jahr 1960 waren die Unterschiede innerhalb eines jeden Landes geringer als im Jahr 1870. Watkins erklärt diese Konvergenz des Verhaltens mit der Zunahme der geographischen Reichweite des Einflusses der nationalen Regierungen während der untersuchten neunzig Jahre. Die Zunahme der Nationalsprachen könnte das Mittel gewesen sein, durch das sich reproduktives Verhalten verbreitete.

Eher vorübergehende Formen des Herdenverhaltens sind fixe Ideen und Moden. Nehmen wir an, dass sich jede Person zwischen zwei Handlungen, P und Q, entscheiden kann. Angenommen jeder bevorzugt eigentlich P, aber jeder möchte auch gerne konform handeln. Um das zu modellhaft darzustellen, nehmen wir an, dass jede Person sich für P anstatt für Q entscheiden würde, wenn der erwartete Anteil jener, die Q wählen, kleiner als 65 % ist, dass aber jede Person sich für Q anstatt für P entscheiden würde, wenn dieser erwartete Anteil größer als 65 % ist. Der Wert von 65 % ist eine ›kritische Masse‹. (Mathematiker nennen die kritische Masse eine ›Separatrix‹.) Wieder einmal könnte einfaches Herdenverhalten dazu führen, dass sich jeder für Q entscheidet, selbst wenn alle es bevorzugt hätten, dass sich jedermann für P entscheidet. Die von mir soeben skizzierte Dynamik zur Beschreibung demographischer Übergänge zeigt, dass fixe Ideen und Moden ohne große vorherige Ankündigung verschwinden können.

Wettbewerbsverhalten (der Versuch, die Nachbarn zu überbieten) kann ebenfalls zu sozial beeinflusstem Verhalten führen. Erhebungen in Destas Welt, in denen die Menschen gebeten wurden anzugeben, wie glücklich sie im Vergleich zur Vergangenheit sind, haben bestätigt, dass Einkommen für die sehr Armen wichtig ist: Es wurde herausgefunden, dass im Durchschnitt Glück mit höheren Einkommen gestiegen ist. Ähnliche Erhebungen haben ergeben, dass Einkommen bei Menschen, die wesentlich mehr haben, als zur Deckung ihrer Grundbedürfnisse erforderlich ist, nicht zum Glück beiträgt. Die Ärmeren in Beckys Welt sind sicherlich weniger glücklich; obwohl die Wirtschaft während der durch die Stichproben abgedeckten Periode wuchs, blieb die Verteilung des angegebenen Glücksgefühls ziemlich unverändert.

Eine mögliche Erklärung wäre, dass bei angemessener Höhe des Einkommensniveaus das Ausmaß, in dem sich jemand glücklich fühlt, von der Höhe seines Einkommens relativ zum Durchschnittseinkommen seiner Bezugsgruppe beeinflusst wird. Durch solch einen Drang zum Wettbewerb entstehen ein gnadenloser Wettkampf und eine Verschwendung von Ressourcen. Es gibt mehrere Gleichgewichte von Einkommenswachstumsraten. In jedem Gleichgewicht werden die Menschen im Durchschnitt reicher, sie konsumieren mehr, fühlen sich aber nicht glücklicher.

3 Gemeinschaften

Während der gesamten Geschichte waren Menschen bei der Entwicklung sinnvoller Kooperationsformen sehr erfinderisch. Eine mögliche Form besteht darin, Nutzen und Lasten einer Vereinbarung nicht nur davon abhängig zu machen, was innerhalb dieser Vereinbarung geschieht, sondern auch davon, was in einer anderen Vereinbarung passiert. In Destas Dorf teilen sich dieselben Haushalte den lokalen Gemeinbesitz, sie leihen einander Geld, werden Mitglieder des *iddir* und unterstützen einander in Zeiten der Not. Interessant ist nicht die Tatsache, dass dieselbe Gruppe von Personen eine Reihe von langfristigen Beziehungen eingeht (mit wem sollte man sonst langfristige Beziehungen bilden?), sondern dass diese Beziehungen zusammenhängen.

Miteinander verbundene Vereinbarungen

Um zu verstehen, wie Bindungen nützen können, nehmen wir an, dass in der von uns im vorigen Kapitel untersuchten Prinzipal-Agentin-Beziehung der von A (dem Prinzipal) verwendete Diskontsatz zur Bewertung zukünftiger Erträge aus der Kooperation mit B (der Agentin) 25 % (oder ein Viertel) pro Jahr überschreitet. Wir wissen, dass mangels Vertrauen das Paar keine Partnerschaft bilden kann. Stellen wir uns nun jedoch vor, dass A zusätzlich zum jährlichen Strom an Arbeitskapital von 4000 € Zugang zu einem jährlichen Strom anderer Art von Arbeitskapital hat, das für ihn 3000 € wert ist. B besitzt die für die Arbeit mit diesem Kapital notwendigen Fähigkeiten nicht, jemand anderer, C, hat diese jedoch. Die von C zur Bearbeitung dieses Kapitals zu einem marktfähigen Produkt benötigte Zeit hat für sie einen Wert von 1000 €. Ähnlich wie B hat auch Person C keinen Zugang zum Markt für das Produkt. Dieses Produkt kann am Markt einen Preis von 6000 € erzielen, und A ist in der Lage, das auch zu realisieren. A überlegt, an C mit dem Vorschlag heranzutreten, eine Partnerschaft zu bilden: Die 6000 € würden zuerst dazu verwendet, das Paar zu entschädigen; der Überschuss würde dann gleichmäßig auf beide aufgeteilt werden. Jeder würde einen jährlichen Gewinn von 1000 € erzielen. Für welche Werte von r ist eine Partnerschaft zwischen beiden machbar?

Da C's Motivation für eine mögliche Beziehung der von B im vorigen Beispiel ähnelt, brauchen wir sie nicht nochmals zu untersuchen. Wir müssen uns jedoch A's Überlegungen genauer ansehen, da es auf die exakten Zahlen ankommt. Beginnen wir daher im Jahr Null. Angenommen C wendet Drohung an. Wenn ihr A sein Kapital vorschießt und das Abkommen nicht einhält, nachdem sie den Output produziert hat, gewinnt er in diesem Jahr 3000 € (6000 € minus 3000 €). Rechnen wir dagegen die 1000 € auf, die er in jedem Jahr verlieren würde, beginnend mit dem Jahr 1. Dieser Verlust beträgt, bezogen auf das Jahr Null, 1000 €/r. Wenn 1000/r kleiner als 3000 ist, dann wird A den Vertrag brechen. Wenn andererseits 1000/r den Betrag von 3000 € überschreitet, dann ist es am besten für A, ebenfalls Drohung anzuwenden. Da 1000/r den Betrag von 3000 € nur dann überschreitet, wenn r kleiner als ein Drittel (ungefähr 33 %) ist, kann das Paar eine langfristige Beziehung eingehen, wenn A's Diskontsatz kleiner als ein Drittel pro Jahr ist. Nehmen wir an, r sei kleiner als ein Drittel. Dann kann A eine Beziehung mit C eingehen, nicht jedoch mit B (zur Erinnerung: r ist größer als ein Viertel; und ein Drittel ist mehr als ein Viertel).

Wir können nun zeigen, dass A mit B eine Beziehung eingehen könnte, wenn alle drei die beiden Aktivitäten miteinander verknüpfen würden. Der Vorschlag sei nun, beide Partnerschaften zu errichten, wobei vereinbart wird, dass im Falle einer opportunistischen Haltung auch nur einer Partei *beide* Beziehungen beendet würden. Um dies zu formalisieren, soll die von B (bzw. C) akzeptierte Verhaltensregel nun lauten: Beginne eine Kooperation mit A und C (bzw. mit B) und setze diese so lange fort, als keine(r) ihr (sein) Übereinkommen bricht, beende jedoch nach dem ersten Vertragsbruch durch irgendeine der Parteien die Kooperation mit allen. Ganz ähnlich soll die von A akzeptierte Verhaltensregel nun lauten: Beginne eine Kooperation mit B und C und setze diese so lange fort, als keine(r) ihr (sein) Übereinkommen bricht, beende jedoch nach dem ersten Vertragsbruch durch irgendeine der Parteien die Kooperation mit allen. Wiederum haben alle Parteien Drohung angenommen, Drohung umfasst hier jedoch ein zusätzliches Hemmnis.

Es ist ganz einfach zu überprüfen, dass B Drohung annehmen würde, wenn A und C Drohung annehmen, und dass C Drohung annehmen würde, wenn A und B Drohung annehmen. Der interessante Fall ist, A's Anreize für eine Kooperation herauszufinden, wenn B und C Drohung annehmen. Da beide Agentinnen ihre Beziehung mit ihm beenden würden, wenn er sich opportunistisch verhielte, würde A für den Fall, dass er überhaupt vertragsbrüchig wird, beide Beziehungen beenden. Somit sind lediglich A's Gewinne und Verluste auszurechnen, wenn er im Jahr Null beide Beziehungen beendet. Wenn er das macht, gewinnt er sofort 7000 € (4000 € aus seiner Beziehung mit B; 3000 € aus seiner Beziehung mit C). Rechnen wir dagegen alle ihm aus der Kooperation zukünftig entgehenden Gewinne auf. Dieser Verlust ist gleich € (1000+1000)/r. Daraus folgt, dass A am besten auch Drohung annimmt, wenn 7000 € kleiner als 2000 €/r ist; d. h. wenn r kleiner als zwei Siebtel ist. Da zwei Siebtel größer als ein Viertel sind (sie liegen zwischen einem Viertel und einem Drittel), ist die Bedingung, unter der A und B kooperieren können, abgeschwächt. Angenommen r ist kleiner als zwei Siebtel (pro Jahr), aber größer als ein Viertel (pro Jahr). Durch Verbindung der beiden Abkommen können beide abgeschlossen werden; würden sie hingegen getrennt bleiben, dann würde nur jenes mit C zustande kommen. Die Intuition für dieses Ergebnis ist klar. Die Versuchung ist für A größer, sein Abkommen mit B zu brechen als jenes mit C, weswegen die Voraussetzungen, unter denen eine Beziehung mit B zustande kommen könnte, beschränkter sind als in Bezug auf C (ein Viertel ist kleiner als ein Drittel). Durch Verbindung der beiden Beziehungen wird A's Versuchung, seine Beziehung mit B abzubrechen, reduziert (zwei Siebtel sind größer als ein Viertel).

C kann aus der Verbindung der Partnerschaften zwar nichts verlieren, sie hat aber auch keinen Vorteil davon. Nur A und B gewinnen. B hat daher allen Grund, sich mit C solidarisch zu erklären, die sie nun als Berufskollegin betrachtet. B kann C sogar eine kleine Vergütung anbieten,

um ihr einen positiven Anreiz zu geben, die beiden Part-
nerschaften zu verbinden. Im Gegenzug verpflichtet sich
C, B im Falle einer schlechten Behandlung durch A zur
Seite zu stehen. A wird das natürlich nicht tun, aber nur
weil er klug genug ist zu wissen, dass in diesem Fall C ihre
Beziehung abbrechen würde.

Weitere Klarstellungen sind erforderlich, wenn Menschen, die miteinander Handel treiben wollen, räumlich
getrennt sind. Im Italien des 12. und 13. Jahrhunderts tru-
gen gemeinschaftliche Verantwortungssysteme dazu bei,
den Menschen zu Krediten und Versicherungen zu verhel-
fen. Regelverstößen eines Beteiligten wurde kollektiv be-
gegnet: Die Gruppe, zu welcher der Geschädigte gehörte,
verhängte Sanktionen gegenüber jener Gruppe, welcher
der Schädiger angehörte. In solchen Systemen erwirbt die
Gemeinschaft, nicht der Einzelne, den Ruf, ehrlich zu
sein. Die Verbindung von Beziehungen schafft Anreize für
die Mitglieder einer sozialen Gruppe, einander zu beobachten. Diese Institution verringert die Kosten, die durch
wechselseitige Beobachtung entstehen.

Der Nachteil verbundener Beziehungen zwischen Personen, die unterschiedliche Interessen verfolgen, besteht
darin, dass sie zusätzliche Koordination erfordern. Wenn
in unserem Zahlenbeispiel B nicht nur ihre eigenen Fähigkeiten, sondern auch jene von C hätte, und wenn sie über
genügend Zeit verfügte, um für A in beiden Aktivitäten zu
arbeiten, wäre es für A einfacher, B beide Partnerschaften
mit dem Vorschlag anzubieten, sie zu verknüpfen. Diese
Beziehung würde nur A und B umfassen und daher weniger Koordination erfordern.

Die Unterscheidung zwischen persönlichen und unpersönlichen Transaktionen ist etwas unscharf. Selbst in hoch entwickelten Märkten (wie im modernen Bankwesen) spielt der Ruf eine Rolle (Kreditwürdigkeit eines Kreditnehmers). Die Unterscheidung ist jedoch von realer Bedeutung. In Beckys Welt macht man neue Bekanntschaften häufig zufällig, dennoch lassen es sich die Menschen etwas kosten, neue Menschen kennenzulernen. Warum? Ein Grund liegt darin, dass neue Bekanntschaften in der Lage sein könnten, Informationen zu liefern.

Man kann sich zwischenmenschliche Netzwerke als ein System von Kommunikationskanälen vorstellen, welche die Menschen untereinander verbinden. Netzwerke können eng verflochtene Einheiten wie eine Kernfamilie oder Verwandte sein, aber auch so weit verzweigte wie Amnesty International. In manche Netzwerke werden wir hineingeboren, wir formen aber auch neue. Persönliche Beziehungen, ob sie nun langfristig sind oder nicht, stellen sich als das charakteristische Merkmal von Netzwerken heraus.

Der Ausdruck ›persönliche Beziehungen‹ ist im Zusammenhang mit Netzwerken von zentraler Bedeutung. Er bedeutet Vertrauen ohne Rückgriff auf externe Durchsetzung von Übereinkommen. Wissenschaftler haben argumentiert, dass in Beckys Welt Bürgerbeteiligung und in Destas Welt gemeinschaftliche Tätigkeiten die Bereitschaft zur Kooperation erhöhen. Die Überlegung besteht darin, dass Vertrauen wiederum Vertrauen stiftet, was in der Folge zu einer positiven Rückkopplung zwischen Bürger- bzw. kommunalen Aktivitäten und der Bereitschaft, sich zu beteiligen, führt. Diese positive Rückkopplung wird jedoch durch die Kosten zusätzlicher Beteiligung (Zeit) abgeschwächt, welche typischerweise mit steigender Partizipation zunehmen. Der Ökonom Albert Hirschmann hat festgestellt, dass Vertrauen ein moralisches Gut ist, indem es mit vermehrtem Gebrauch zunimmt, jedoch durch Nichtgebrauch abnimmt; was bedeutet, dass wir mit Vertrauen nicht so sparsam umgehen müssen wie mit Gütern des täglichen Lebens, wie Brot und Butter. Mit dem Vertrauen ist das so ähnlich wie mit Fertigkeiten: Je mehr man sie nützt, umso besser beherrscht man sie.

Schwache Bindungen

Beziehungen können stark oder schwach sein. Man könnte irrtümlich dazu verleitet werden, schwache Bindungen für weniger wertvoll zu halten. Tatsächlich können sie sehr wertvoll sein. Während Beckys Vater noch in seiner früheren Beschäftigung arbeitete, erfuhr er durch Mundpropaganda, dass das Unternehmen, in dem er jetzt arbeitet, jemand mit seinen Qualifikationen einzustellen beabsichtige. Es gibt eine Vielzahl empirischer Befunde, dass schwache Bindungen nützlich sind, weil sie Menschen mit einer großen Zahl verschiedener anderer Leute und damit mit einer großen Informationsbasis in Kontakt bringen. In Beckys Welt bestehen zwischen den schwachen Bindungen einzelner Personen keine Zusammenhänge. Beckys Vater hat mit dem Elternverein wenig zu tun, bei dem ihre Mutter ein aktives Mitglied ist. Und Beckys Mutter hat keine Beziehung zu der Vereinigung der Rechtsanwälte, der

Beckys Vater angehört. Auch spielen weder der Elternverein noch die Vereinigung der Rechtsanwälte in ihrem Privatleben irgendeine Rolle.

Starke Bindungen

In Destas Welt sind die meisten Bindungen stark, weil es sich um miteinander verbundene Verpflichtungen in langfristigen Beziehungen handelt. Da diese Art von Übereinkunft die in Frage kommende Anzahl an Menschen einschränkt, mit denen man Geschäfte machen kann, bieten sich wenig Möglichkeiten für materielle Besserstellung. In Kapitel 6 werden wir Bestätigung dafür finden, dass starke Bindungen zwischen Verwandten heutzutage ökonomischen Fortschritt hemmen, indem sie den Umfang an Versicherung einschränken, den Haushalte bekommen können, indem sie weiterhin nur eine niedrige Ertragsrate auf ihre Investitionen erhalten und indem sie die Fertilität fördern. Starke Bindungen können jedoch bei der Suche nach ökonomischen Möglichkeiten außerhalb des unmittelbaren Umfelds hilfreich sein, wenn sie vernünftig eingesetzt werden. Nehmen wir zum Beispiel Migration. Ein unternehmungslustiges Mitglied einer ländlichen Gemeinschaft wandert in die Stadt aus und wird während seiner Arbeitssuche von denjenigen unterstützt, mit denen es zu Hause stark verbunden ist. Andere folgen ihm in einer Art Kettenreaktion, nachdem es Informationen über die Aussichten auf Arbeit nach Hause geschickt hat. Migranten empfehlen ihren Chefs sogar Bekannte aus dem Dorf. Und die Chefs bevorzugen ihrerseits wiederum Verwandte ihrer Angestellten, weil sie dadurch das Risiko verringern, Personen einzustellen, die sie nicht kennen. Das erklärte, warum städtische Fabriken in armen Ländern eine überproportional große Zahl von Arbeitern aus demselben Dorf einstellen. Märkte und Gemeinschaften können zum beiderseitigen Nutzen funktionieren.

Warum verlaufen Netzwerke in Destas Welt entlang ethnischer oder verwandtschaftlicher Pfade und warum sind sie beschränkt und verfolgen mehrere Zielsetzungen, im Unterschied zu spezialisierten beruflichen Netzwerken in Beckys Welt, wie z. B. jene akademischer Ökonomen oder Psychotherapeuten? Unsere vorangehende Analyse liefert eine Antwort. Es ist unmöglich, in ethnische oder verwandtschaftliche Netzwerke einzudringen, da die Mitgliedschaft durch Geburt bestimmt ist, ebenso kann man aus diesen Netzwerken nicht ausscheiden. Außerdem ist die Mitgliedschaft leicht nachprüfbar. Die Nähe in einem Dorf ermöglicht es den Individuen, die Eigenschaften und Neigungen aller zu kennen. Daher leiden die Menschen kaum unter einem in der Versicherungswirtschaft als ›negative Auslese‹ bekannten Problem. Im Zusammenhang mit Versicherungen sehen sich die Unternehmen dem Problem der negativen Auslese gegenüber, wenn Menschen, die schlechte Risiken darstellen, nicht von jenen unterschieden werden können, die gute Risiken sind, und letztere durch erstere verdrängt werden. Wegen der Nähe innerhalb eines Dorfes können die Menschen einander genau beobachten und erkennen, was sie gerade vorhaben. Deswegen leiden die Menschen kaum unter einem in der Versicherungswirtschaft als ›Moral Hazard‹ bekannten Problem. Im Zusammenhang mit Versicherungen sehen sich die Unternehmen mit dem Problem des Moral Hazard konfrontiert, wenn die Versicherten

Abb. 8: Teff-Dreschen in Äthiopien (© Jenny Matthews / Alamy)

nicht jene Vorsichtsmaßnahmen gegen mögliche Schadens-
fälle ergreifen, auf die man sich geeinigt hatte. Miteinander
verknüpfte langfristige Beziehungen führen zu Netzwerken,
die multifunktional und beschränkt sind. Im Gegensatz dazu
treten Menschen in berufliche Netzwerke freiwillig ein und
auch wieder aus, was dazu führt, dass diese Netzwerke klar
abgegrenzte, eingeschränkte Ziele verfolgen. Mitgliedschaft
legt den Menschen keine Beschränkungen auf, was sie in anderer Hinsicht in ihrem Alltag machen, also wo sie einkaufen, was sie essen oder an welche Schulen sie ihre Kinder
schicken.

Es sollte uns nicht überraschen, dass in Destas Welt die Netzwerke, welche den Kindern von ihren Eltern vererbt werden, häufig ethnische oder verwandtschaftliche Netzwerke sind – mit wem sonst kann man in ländlichen Gesellschaften Verbindungen eingehen? Selbst wenn es richtig ist, dass es buchstäblich unmöglich ist, aus seiner Volksgemeinschaft oder Verwandtschaft auszutreten, so können sich die Kinder dafür entscheiden, die ererbten Netzwerke nicht zu nutzen. Warum halten dann aber sogar in Beckys Welt die Menschen so viele ererbte Netzwerke aufrecht? Der Grund dafür ist, dass man einmal errichtete Beziehungen nicht ohne Kosten in andere Richtungen lenken kann. Solche Investitionen sind beziehungsspezifisch. Zusätzlich sinken die Kosten der Aufrechterhaltung einer Beziehung mit der Häufigkeit der Inanspruchnahme, da Vertrauen wiederum Vertrauen schafft (davon zeugt, dass wir unsere engsten Freunde und Verwandten als selbstverständlich ansehen). Die Vorteile aus der Schaffung neuer Beziehungen sind gering, wenn man ein umfassendes Netzwerk von Beziehungen ererbt hat, mit anderen Worten ausgedrückt, die Kosten der Nicht-Verwendung ererbter Netzwerke sind hoch. Von außen kommende Möglichkeiten müssen besonders gut sein, bevor es in jemandes Interesse ist, die Nutzung ererbter Kontakte aufzugeben. Das erklärt, warum wir so viele Beziehungen aufrechterhalten, die wir von der Familie und von Verwandten geerbt haben, und warum Verhaltensnormen über Generationen weitergegeben werden. Wir sind sozusagen von Geburt an geprägt.

4 Märkte

Genauso wie sich Gemeinschaften voneinander unterscheiden, gibt es auch die unterschiedlichsten Märkte. Da es eine derart große Vielfalt an Märkten gibt, erscheint es sinnvoll, zuerst ihre ideale Form zu bestimmen und dann zu untersuchen, warum und inwiefern reale Märkte vom Ideal abweichen.

Ideale Märkte

Ökonomen bezeichnen Abweichungen der Märkte von ihrer idealen Form als ›Marktversagen‹. Jede Art des Marktversagens ist für die Gesellschaft ein Anlass, um zu untersuchen, wie andere Institutionen, also Haushalte, Gemeinschaften und der Staat, Verbesserungen herbeiführen könnten. Dieses Argument gilt auch andersherum. Ein Verständnis der idealen Märkte liefert uns Hinweise darauf, wie Märkte in jenen Situationen zu Verbesserungen beitragen könnten, in denen Haushalte, Gemeinschaften oder der Staat nicht so gut funktionieren. All das setzt natürlich voraus, dass ideale Märkte etwas Positives sind. Eine unserer Aufgaben wird es sein herauszufinden, in welchem Sinn ideale Märkte etwas Gutes sind.

Ein einzelner Markt

Dazu ist es zweckmäßig, die formale Analyse von Märkten mit der Betrachtung eines einzelnen Gutes zu beginnen und die Beschreibung des idealen Marktes für dieses Gut zu erarbeiten. Wir wollen das Gut mit X bezeichnen. Konkret nehmen wir an, dass X ein nicht-dauerhaftes Konsumgut ist, das zum laufenden Verbrauch bestimmt ist. Bei der Untersuchung idealer Märkte nehme ich an, dass X ein privates Gut ist, was bedeutet, dass es weder bei seinem Konsum noch bei seiner Produktion Externalitäten gibt. Der Einfachheit halber werde ich auch die Menge des Gutes mit X bezeichnen.

Nehmen wir an, dass es viele Unternehmen gibt, die in der Lage sind, X zu liefern, und dass es auch viele Haushalte gibt, die potenzielle Konsumenten von X sind. Die Haushalte sind die Besitzer der Unternehmen. Unter einem ›Markt‹ für X verstehen wir eine Verrechnungsstelle für X. Unternehmen bringen ihre Lieferungen von X auf den Markt, und Haushalte finden sich dort ein, um ihre Käufe zu tätigen. Da die Märkte für Waren und Dienstleistungen zusammenhängen (man würde erwarten, dass die Nachfrage nach Tee zunimmt, wenn der Kaffeepreis steigt), können wir eine isolierte Analyse des Marktes für X nur rechtfertigen, wenn 1. für die Produktion von X nur relativ wenig Ressourcen benötigt werden im Vergleich zu den für die Produktion aller anderen Güter verwendeten Ressourcen und 2. wenn die Ausgaben eines jeden Haushalts für X nur ein kleiner Teil seines Gesamtbudgets sind. Wir treffen hier beide Annahmen und nehmen zusätzlich an, dass alle anderen Waren und Dienstleistungen auf ihren jeweiligen Märkten gehandelt werden. Annahmen (1) und (2) implizieren, dass die Preise aller anderen Waren und Dienstleistungen von dem Geschehen auf dem Markt für X ziemlich unbeeinflusst bleiben. Wenn das so ist, dann können wir die verbleibenden Güter und Dienstleistungen einer Wirtschaft zu ihren Preisen bewerten und sie addieren, um so einen aggregierten Index zu schaffen, in dem der Preis von X ausgedrückt wird. Wir wollen diesen Index ›Vermögen‹ nennen und ihn z. B. in Euro messen. In der Sprache der Ökonomie ist das Vermögen unser ›Numéraire‹. Käufe und Verkäufe von X erfolgen zu dem am Markt für X angegebenen Preis.

Zweifellos werden Sie die hier verwendete Zirkularität der Beweisführung bemerkt haben. Wie können wir bei der Analyse eines Marktes im Voraus die Annahme rechtfertigen, dass die Produktion bzw. die Käufe von X nur einen kleinen Teil der Ressourcen einer Wirtschaft beanspruchen bzw. lediglich einen geringen Teil des Budgets eines jeden Haushalts betragen? Sie sind jedoch diese zirkuläre Argumentation in der Volkswirtschaftslehre bereits gewohnt (vgl. Kap. 2). Unsere bisherigen Diskussionen haben gezeigt, dass es eine äußerst brauchbare Analysemethode ist. Wir haben mit den Annahmen (1) und (2) begonnen. Wenn wir nun empirisch feststellten, dass beim Marktgleichgewicht für X (wird weiter unten definiert) die getroffenen Annahmen korrekt sind, ist damit die Grundlage der Analyse gerechtfertigt.

Auf einem idealen Markt sind alle Haushalte und Unternehmen Preisnehmer. Wir könnten uns vorstellen, dass ein Auktionator den Preis von X ausruft und dass die Unternehmen und Haushalte ihre Entscheidungen auf der Basis dieses Preises treffen. Die von den Haushalten gekauften und von den Unternehmen verkauften Mengen sind überprüfbar, ebenso wie die Qualität von X. Zahlungen werden durch eine externe Agentur (den Staat) durchgesetzt. Es wird nicht gestohlen, und alle Beteiligten kommen ihren Zahlungsverpflichtungen nach. Wenn jemand das eine oder andere versuchte, würde er erwischt und vom Vollstrecker bestraft werden (vgl. Kap. 2).

Angenommen der Preis von X sei P. Unter der ›Nachfrage‹ eines Haushalts verstehen wir jene Menge des Gutes, die er zum Preis P kaufen möchte. Wenn die Zahlungsbereitschaft eines Haushalts für jede Einheit des Gutes X mit zusätzlich gekauften Mengeneinheiten abnimmt, dann würde er das Gut bis zu jenem Punkt nachfragen, bei dem seine Zahlungsbereitschaft für die marginale Einheit von X gleich P ist. (Würde der Haushalt mehr nachfragen, müsste er für die letzte nachgefragte Einheit mehr zahlen, als er bereit wäre zu zahlen, was dazu führte, dass er seine Nachfrage verringern würde; fragte der Haushalt hingegen weniger nach, so würde er für die letzte nachgefragte Einheit weniger zahlen, als er bereit wäre zu zahlen, was dazu führte, dass er mehr nachfragen würde.) Da X ein privates Gut ist, ist die ›Marktnachfrage‹ nach X zum Preis P die Summe der Nachfragen aller Haushalte zum Preis P. Wir haben soeben behauptet, dass bei einem hohen Preis die Marktnachfrage niedrig wäre; wäre der Preis niedrig, würde die Marktnachfrage hoch sein. Daraus resultiert eine fallende Marktnachfragekurve, die in Abbildung 9 hypothetisch als DD' eingezeichnet wurde. Die Marktnachfrage nach X wird auf der horizontalen Achse, der Preis P auf der vertikalen Achse gemessen.

Es wäre durchaus möglich, dass die Unternehmen über verschiedene Technologien zur Herstellung von X verfügten. Wir nehmen jedoch an, dass alle Technologien abnehmende Skalenerträge aufweisen, womit ich sagen will, dass die Kosten der Produktion einer zusätzlichen Einheit

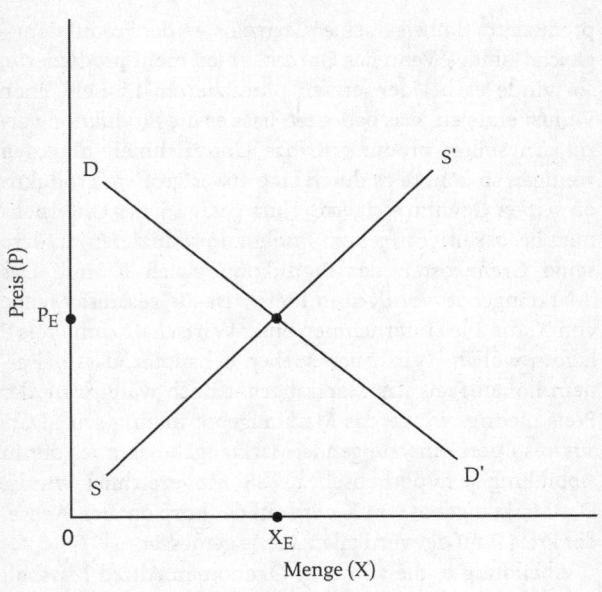

Abb. 9: Nachfrage- und Angebotskurven

von X (wobei die Kosten zu jenen Preisen berechnet werden, die für alle zur Herstellung von X benötigten Inputs gelten) mit steigender Produktionsmenge steigen. Da die Haushalte alle Unternehmen besitzen, ist das Ziel jedes Unternehmens, seinen Gewinn auf dem Markt für X zu maximieren. Unter dem ›Angebot‹ einer Unternehmung verstehen wir jene Menge, die sie bereit wäre, zum Preis P zu verkaufen. Ein Unternehmen würde das Gut bis zu jenem Punkt produzieren, bei dem die Kosten für die letzte produzierte Einheit – seine ›Grenzkosten der Produktion‹ – gleich P sind. (Wenn das Unternehmen mehr produzierte, so würde es bei der letzten produzierten Einheit einen Verlust erzielen, was bedeutet, dass es die Produktion verringern sollte; produzierte das Unternehmen hingegen weniger, so könnte es durch eine etwas größere Produktion seinen Gewinn steigern.) Kurz gesagt, jedes Unternehmen beabsichtigt in jenem Punkt zu produzieren, in dem seine Grenzkosten der Produktion gleich P sind. Das ›Marktangebot‹ von X zum Preis P ist die gesamte Menge von X, die alle Unternehmen einer Wirtschaft zum Preis P liefern wollen. Wir haben soeben behauptet, dass bei einem hohen Preis das Marktangebot hoch wäre; wäre der Preis niedrig, würde das Marktangebot niedrig sein. Daraus resultiert eine steigende Marktangebotskurve, die in Abbildung 9 hypothetisch als SS' eingezeichnet wurde. Das Marktangebot von X wird auf der horizontalen Achse, der Preis P auf der vertikalen Achse gemessen.

Abbildung 9, die von dem Ökonomen Alfred Marshall entwickelt wurde, vereint das wahrscheinlich berühmteste Kurvenpaar der gesamten Volkswirtschaftslehre: die Nachfrage- und Angebotskurven. Die Kurven schneiden sich in einem einzigen Punkt (bei X_E Einheiten des Gutes und einem Preis von P_E), was ein Gleichgewicht des Marktes für X darstellt. Es ist ein Gleichgewicht, weil bei P_E die Marktnachfrage gleich dem Marktangebot ist, was bedeutet, dass der Markt für X geräumt wird. Ökonomen fügen dem Wort ›Gleichgewicht‹ häufig das Eigenschaftswort ›kompetitiv‹ hinzu, weil sich auf dem analysierten Markt viele Unternehmen befinden, die alle Preisnehmer sind. Deswegen sagen wir, dass P_E zu einem ›kompetitiven

Gleichgewicht‹ oder ›Wettbewerbsgleichgewicht‹ auf dem Markt für X führt.

Man beachte, wie sehr das Konzept eines Wettbewerbsgleichgewichts dem Begriff eines Gleichgewichts in den Gemeinschaften ähnelt, die wir bisher untersuchten. Bei P_E bemerken all jene, die aktiv am Markt für X teilnehmen möchten – ob als Verkäufer oder Käufer –, dass ihre Absichten realisiert werden können. Diejenigen, die sich bei diesem Preis gegen eine Marktteilnahme entschieden haben, stellen fest, dass sie zu Recht nicht teilnehmen: Der Markt wird zum Preis P_E geräumt, so dass nichts übrig bleibt, über das man verhandeln könnte. Der Preis P_E ermöglicht die Befriedigung aller Erwartungen seitens der Haushalte und der Unternehmen. Wichtig ist aber auch die geringe Menge an Information, die Haushalten und Unternehmen reicht, um voll am Marktgeschehen teilnehmen zu können. Ein Haushalt muss nur seine eigenen Vorstellungen kennen (d. h. wie viel er bereit ist, für das Gut zu zahlen) sowie den Preis P. Er muss weder etwas über die anderen Haushalte noch über die Kostensituation der Unternehmen wissen. Ebenso muss ein Unternehmen nur die ihm zur Verfügung stehende Technologie kennen sowie die Preise, die es für die Inputs zu zahlen hat, und den Preis von X. Das Unternehmen muss weder die Zahlungsbereitschaft der Haushalte noch die Technologien der konkurrierenden Unternehmen kennen. Der Gleichgewichtspreis, P_E, hat die Koordinierungsfunktion zur Allokation von X und den zu seiner Herstellung benötigten Inputs. P_E ist das auf dem Markt für X entstehende Ergebnis.

In welchem Sinn ist der von mir soeben beschriebene Markt ›ideal‹? Er ist in dem Sinn ideal, dass sich auch ein

Planer (oder Regulator), dessen Zielsetzung die Förderung der Interessen der Haushalte durch Maximierung ihres gemeinsamen Wohlstands gewesen wäre, für diese Gleichgewichtsangebote und -nachfragen entschieden hätte und genau das durch Anweisungen an die Unternehmen bzw. Haushalte erreicht hätte, wie viel sie von X zu produzieren bzw. zu konsumieren hätten. Der Beweis erfordert etwas Geduld, aber es lohnt sich, ihn zu versuchen. Nehmen wir vorerst an, in dem vom Regulator vorgeschlagenen Plan sind die Grenzkosten von zwei Unternehmen 1 und 2 verschieden; es seien z. B. die Grenzkosten des Unternehmens 1 größer als jene des Unternehmens 2. In diesem Fall könnte der gesamte Wohlstand durch eine geringfügige Änderung im Plan des Regulators erhöht werden: Reduziere den Output des Unternehmens 1 um eine Einheit und erhöhe den Output des Unternehmens 2 um eine Einheit. Der Gesamtoutput bliebe unverändert, aber er würde billiger produziert werden und so den gesamten Wohlstand der Haushalte erhöhen. Daher würde der beste Plan des Regulators – wir werden ihn als ›effizienten Plan‹ bezeichnen – Gleichheit der marginalen Produktionskosten all jener Unternehmen bedingen, die angewiesen wurden, das Gut X zu erzeugen.

Wenden wir uns nun den Haushalten zu und nehmen wir an, dass sich in dem Plan, den der Regulator vorschlägt, die Zahlungsbereitschaft der Haushalte 1 und 2 für die von ihnen konsumierten marginalen Einheiten unterscheidet. Unterstellen wir, dass die marginale Zahlungsbereitschaft des Haushalts 1 jene des Haushalts 2 übersteigt. Die gesamte Wohlfahrt könnte durch eine geringe Änderung im Plan des Regulators erhöht werden: Reduziere den Konsum von X des Haushaltes 2 um eine Einheit und erhöhe den Konsum des Haushalts 1 um eine Einheit. Diese Umschichtung benötigt keine zusätzlichen Ressourcen; der Gesamtwohlstand der Haushalte wäre jedoch erhöht, da die Zahlungsbereitschaft eines Haushalts ein Maß für die Wohlfahrt ist. Wir haben damit bewiesen, dass der effiziente Plan Gleichheit der marginalen Zahlungsbereitschaften von allen Haushalten erfordert. Ein ähnliches Argument zeigt, dass der effiziente Plan auch die Eigenschaft hat, dass die marginale Zahlungsbereitschaft eines jeden Haushalts gleich den marginalen Produktionskosten jedes Unternehmens ist. Der Regulator möchte jedoch auch sicherstellen, dass die gesamte produzierte Menge gleich der gesamten konsumierten Menge ist. (Wohlfahrt würde verschwendet werden, wenn die gesamte Produktion den gesamten Konsum übersteigen würde; und die ganze Absicht des Planers wäre durchkreuzt, wenn die gesamte Produktion den gesamten Konsum unterschreiten würde.) Es ist einfach zu bestätigen, dass es nur einen Plan gibt, der alle obigen Erfordernisse erfüllt.

Der gemeinsame Wert der Grenzkosten der Produktion und der marginalen Zahlungsbereitschaft sei P. Der Regulator könnte den effizienten Plan so ausführen, dass er den Preis von X mit P festlegt und verlangt, dass die Haushalte und Unternehmen ihre Transaktionen auf der Grundlage von P abwickeln. Dieser Preis ist natürlich P_E aus Abbildung 9. Das vollendet den Beweis.

Was ich hier, wenn auch sehr abstrakt, skizziert habe, war die Grundlage einer weitreichenden Debatte unter Ökonomen in den dreißiger Jahren des vorigen Jahrhunderts: Märkte im Vergleich mit Zentralplanung. Befürworter der Institution einer zentralen Planung, wie Oskar Lange und Abba Lerner, argumentierten, dass ein aufgeklärter Planer dazu beitragen könnte, alle Vorteile von Märkten zu verwirklichen und dabei die Schwächen realer Märkte, wie Abweichungen vom Wettbewerb, zu vermeiden. Der Begriff ›Marktsozialismus‹ wurde mit der Lange-Lerner-Vision verbunden. Befürworter von Märkten, wie Friedrich von Hayek, argumentierten andererseits, dass die Gleichwertigkeit der erzielten Ergebnisse keine Gleichwertigkeit der Informationserfordernisse bedeutet, welche die beiden Systeme benötigen, um dieses Ergebnis zu erzielen. Hayek stellte fest, dass Aufgeklärtheit seitens des zentralen Planers im Marktsozialismus auch Allwissenheit bedeutet. Wenn die Planerin oder der Planer das effiziente Ergebnis erzielen wollen, müssen sie oder er die Nachfragekurve jedes Haushalts und die Angebotskurve jedes Unternehmens kennen. Das ist eine ganz schöne Menge an Information. Wie kann der Planer sie erhalten? Vielleicht durch die Aussendung eines höflichen Fragebogens an Haushalte und Unternehmen. Warum sollten aber die Antwortenden die Wahrheit über sich selbst und ihre Lebensumstände sagen? Selbst wenn man klug angelegte Mechanismen entwickelte, um diese Information zu bekommen, verursachen die Abklärung und Übermittlung der Information Kosten. Märkte gehen mit der Verwendung von Information viel sparsamer um.

Man kann jedoch argumentieren, dass die Aufgabe des Planers nicht die Imitation des Marktes sei, sondern die Auswahl der Politikinstrumente (wie Steuern und Subventionen), was weniger Information erfordert, als einem allwissenden Wesen zur Verfügung steht. Selbst bei begrenzter Information könnte ein Planer dazu beitragen, einen Zustand herbeizuführen, der jenem überlegen ist, den uneingeschränkte Märkte hervorbringen (Kap. 8).

Interdependente Märkte

Marshalls berühmte Nachfrage- und Angebotskurven führen uns in einer Hinsicht in die Irre. Aufgrund von Abbildung 9 könnte man meinen, dass auf einem idealen Markt der Gleichgewichtspreis von X eindeutig ist. Es bestätigte sich auch, dass er eindeutig ist (und zwar P_E), wir hatten jedoch angenommen, dass die Preise aller anderen Waren und Dienstleistungen in der Volkswirtschaft gegeben seien. Wenn diese Preise verschieden wären, dann hätten wir auch andere Nachfrage- und Angebotskurven für X, was wiederum bedeutete, dass wir andere Gleichgewichtspreise hätten. Aber all diese anderen Preise hängen wiederum von Nachfrage und Angebot auf ihren entsprechenden Märkten ab. Da die Märkte zusammenhängen, sollten wir sie gemeinsam untersuchen und nicht jeden getrennt für sich.

Wir nehmen weiterhin an, dass die Transaktionen verifizierbar sind, ebenso wie wir die Qualität der hergestellten, verkauften und gekauften Güter kennen. Mit anderen Worten, die idealen Märkte leiden nicht unter den Problemen der negativen Auslese und des Moral Hazard. Des Weiteren gibt es jetzt Märkte für jedes Gut, einschließlich der primären Produktionsfaktoren, Zwischenprodukte und Konsumgüter. Die meisten Güter seien Zukunftsgüter, was bedeutet, dass Verträge über ihre Käufe und Verkäufe auf ›Terminmärkten‹ abgeschlossen werden. Verträ-

ge auf Terminmärkten sind heute abgeschlossene Übereinkommen über Käufe und Verkäufe zur Lieferung zu einem
festgelegten zukünftigen Datum. Auf diesen Märkten
finden Sparen und Investieren für die Zukunft und Borgen
von der Zukunft statt. Viele Waren könnten bedingte Güter sein. Verträge über ihre Käufe und Verkäufe würden auf
bedingten Märkten unterzeichnet. Verträge auf bedingten
Märkten sind heute geschlossene Übereinkommen über
Käufe und Verkäufe zur Lieferung zu einem festgelegten
zukünftigen Datum, wenn und nur wenn bestimmte Ereignisse eintreten. Käufe und Verkäufe von Versicherungs-
verträgen finden auf bedingten Märkten statt. Es herrscht
Unsicherheit über zukünftige Ereignisse, aber auf bedingten Märkten können die Leute Waren und Dienstleistungen zu festgelegten Preisen kaufen oder verkaufen, die an
jede nur denkbare Möglichkeit anknüpfen. Da die Zahlungen jetzt geleistet werden müssen, hat niemand Unsicherheit hinsichtlich seines Budgets, noch besteht für die Unternehmen Unsicherheit in Bezug auf ihre Gewinne.

Worin liegt der Sinn, eine Welt zu analysieren, in der es
einen Markt für jedes nur denkbare Produkt gibt? Es gibt
dafür drei Gründe. Erstens wird uns durch diese Analyse
bewusst, dass bestimmte Phänomene im ökonomischen
Geschehen unserer Welt wegen fehlender Märkte entstehen (wie z. B. Konkurs; leistungsabhängige Entlohnung;
von den Unternehmen auferlegte Beschränkungen über
den Umfang der Versicherungen oder Kredite, die man erhalten kann, selbst wenn man die Ressourcen hätte, mehr
zu erwerben; Arbeitslosigkeit, vgl. dazu unten S. 127 ff.).
Zweitens können wir abschätzen, wie viel die Gesellschaft
durch fehlende Märkte verliert. Und drittens können wir

Maßnahmen und Institutionen untersuchen, die das Fehlen bestimmter Märkte teilweise kompensieren könnten. Deswegen ist es sinnvoll, die Analyse interdependenter Märkte in unserer realen Welt mit der Untersuchung einer Welt zu beginnen, in der es für jedes Gut einen Wettbewerbsmarkt gibt.

Wir analysieren eine Wirtschaft, in der es Privateigentum gibt. Die Unternehmen stehen im Besitz von Haushalten. Die Gewinne der Unternehmen werden an die Haushalte auf Basis der Aktien verteilt, die sie besitzen. Jeder Haushalt hat auch das verbriefte Recht auf eine Gütermenge (sein Humankapital). Für eine gegebene Preismenge kann daher jeder Haushalt sein Vermögen berechnen. Haushalte sind Preisnehmer und dazu angehalten, Waren und Dienstleistungen zu kaufen, die sie sich leisten können: Ihre Gesamtausgaben dürfen ihr Vermögen nicht übersteigen. Unternehmen sind ebenfalls Preisnehmer, sie legen ihre Produktion so fest, dass sie ihre Gewinne maximieren, womit im gegenwärtigen Zusammenhang der kapitalisierte Wert des Stroms ihrer Gewinne gemeint ist. (Wir können uns auch Händler als Unternehmen vorstellen. Ihre Käufe können als Inputs in die Produktion, ihre Verkäufe als Output angesehen werden.) Ein ›Marktgleichgewicht‹ – Ökonomen bezeichnen es als Wettbewerbsgleichgewicht – ist eine Menge an Preisen, die zum jetzigen Zeitpunkt für jedes einzelne Gut angegeben wird, so dass für jedes Gut die Gesamtnachfrage gleich dem Gesamtangebot ist. Im Gleichgewicht ist die Information, die Haushalte und Firmen haben müssen, um am Markt teilnehmen zu können, sehr gering. Ein Haushalt muss seine eigenen Vorstellungen kennen, seine Ausstattung mit

Waren, Dienstleistungen und die Gleichgewichtspreise – sonst nichts. Ebenso muss ein Unternehmen nur die ihm zur Verfügung stehende Technologie kennen sowie die Preise, die es für die Inputs zahlen muss, und die Gleichgewichtspreise – sonst nichts. Gleichgewichtspreise koordinieren die Produktion und Allokation aller Waren und Dienstleistungen (wer erzeugt was und wer konsumiert was).

Gibt es Bedingungen, unter denen ein Gleichgewicht herrscht? Die Suche der Ökonomen nach einer Antwort hat eine lange Geschichte, die bis ins 19. Jahrhundert zurückreicht. Die endgültige Antwort wurde in den frühen 1950er Jahren gegeben, als einige Ökonomen Bedingungen nachwiesen (über die Eigenschaften der Haushalte und Unternehmen), unter denen ein Wettbewerbsgleichgewicht besteht. Es wurde auch gezeigt, dass es eine enge, aber subtile Beziehung zwischen dem Begriff eines Wettbewerbsgleichgewichts und jenem eines Gleichgewichtsübereinkommens in einer Gemeinschaft gibt (vgl. Kap. 2 und 3).

Mit Ausnahme von ganz besonderen Situationen ist ein Wettbewerbsgleichgewicht nicht eindeutig. Es ist in etwa aus denselben Gründen nicht eindeutig, aus denen Gleichgewichtsergebnisse in Gemeinschaften nicht eindeutig sind (Kap. 2). Übereinkommen in Gemeinschaften werden wechselseitig durch soziale Normen durchgesetzt. Die Existenz mehr als eines gemeinschaftlichen Gleichgewichts spiegelt die Tatsache wider, dass es in der Regel mehr als eine Menge von sich selbst bestätigenden Vorstellungen gibt, die Menschen über ihre Absichten und jene ihrer Mitmenschen haben. Auf idealen Märkten werden Übereinkommen zwischen Käufern und Verkäufern durch den Staat mit rechtlichen Mitteln durchgesetzt. Die Existenz von mehr als einem Wettbewerbsgleichgewicht reflektiert die Tatsache, dass es in der Regel mehr als eine Preismenge gibt, bei der die Nachfragen nach Waren und Dienstleistungen gleich ihren Angeboten sind. Vorstellungen in Gemeinschaften und Preise auf Märkten sind Gegebenheiten in zwei äußerst verschiedenen Arten von Institutionen. In Kapitel 3 erklärte ich, in welchem Sinn wir noch kein befriedigendes Verständnis über das Entstehen von Vorstellungen haben. Sie sollten daher nicht überrascht sein, dass wir auch noch kein zufriedenstellendes Verständnis darüber haben, wie sich Preise auf idealen Märkten bilden.

Die Effizienz von idealen Märkten

Obwohl es in einer Marktwirtschaft keine eindeutigen Gleichgewichte gibt, ist jedes Wettbewerbsgleichgewicht ›effizient‹. Da wir nun alle Märkte gemeinsam untersuchen, ist der Begriff der Effizienz nicht so einfach wie in einem Markt für ein einzelnes Gut (X), man kann ihn aber dennoch mit Worten beschreiben.

Unter einer ›Allokation‹ von Waren und Dienstleistungen verstehen wir eine vollständige Beschreibung, wer was produziert und wer was konsumiert. Wir bezeichnen eine Allokation als durchführbar, wenn sie bei gegebener Vermögensausstattung grundsätzlich in einer Wirtschaft machbar ist. Es sei α eine durchführbare Allokation. Wir bezeichnen α dann als effizient, wenn es keine andere durchführbare Allokation gibt, die *alle* Haushalte gegenüber α bevorzugen würden. Dieses Konzept wurde von

Abb. 10: Ein Einkaufszentrum in Beckys Welt
(© Don Smetzer / Stone / Getty Images)

dem Ökonomen und Soziologen Vilfredo Pareto einge-
führt, weswegen Effizienz in der obigen Bedeutung allgemein als ›Pareto-Effizienz‹ bekannt ist. Man kann zeigen,
dass ein Wettbewerbsgleichgewicht Pareto-effizient ist.

Mit Ländern ist es so ähnlich wie mit Haushalten.
Wenn es keine Restriktionen im internationalen Handel
gäbe, wären Wettbewerbsgleichgewichte der Weltwirtschaft Pareto-effizient. Das ist – unter Vernachlässigung
von Einzelheiten – der Kern des theoretischen Arguments
zugunsten des Freihandels.

Marktversagen

Genauso wie Gemeinschaften bisweilen darin versagen, die Interessen ihrer Mitglieder zu fördern, können Märkte versagen, die Ressourcen gut zu verwenden. Was Haushalte selbst auf idealen Märkten erreichen können, hängt davon ab, was sie selbst auf den Markt bringen. Vermutlich haben manche Haushalte nur eine geringe Ausstattung an Waren und Dienstleistungen, andere sind reich ausgestattet. Diese Ausstattungen sind aus der Vergangenheit ererbt, sie beeinflussen aber die Marktergebnisse. Selbst wenn Marktallokationen im Wettbewerbsgleichgewicht Pareto-effizient sind, so sind sie nicht notwendigerweise fair oder gerecht. Es sollte nicht überraschen, dass sich Pareto-Effizienz über die Verteilung ausschweigt. Fairness und Effizienz sind unterschiedliche ethische Eigenschaften von Allokationen. Eine Allokation von Waren und Dienstleistungen, bei der ein eigennütziger Haushalt alles erhält, ist Pareto-effizient, wohingegen eine Allokation, bei der Haushalte gleiche Anteile haben, größere Fairness aufweist. Eine Allokation kann gleichzeitig egalitär und nicht Pareto-effizient sein; sie könnte sowohl egalitär als auch Pareto-effizient sein; und es gibt auch Allokationen, die weder egalitär noch Pareto-effizient sind. Diese Art der Argumentation, obwohl abstrakt und eher technisch, stellt den Kern einer allgemein akzeptierten Rolle des Staates dar (Kap. 8): die Entwicklung und Durchführung von Maßnahmen, welche zu Ergebnissen führen, die Pareto-effizient (praktisch betrachtet: ›auf erträgliche Weise nicht-verschwenderisch‹) und egalitär (praktisch gesehen: ›frei von Hunger, schlechter Gesundheit und Analphabetentum‹) sind.

Abb. 11: Ein Markt in Destas Welt   (© Neil Cooper / Panos Pictures)

Selbst wenn wir Verteilungsaspekte außer acht lassen, funktionieren Märkte in der uns vertrauten Welt nicht ideal. Warum? Drei Gründe ragen heraus: Erstens sind Märkte durch ihre Anfälligkeit für das Problem des Trittbrettfahrens bei der Bereitstellung öffentlicher Güter weniger effizient. Andererseits gibt es im Fall der öffentlichen Güter wichtigere Probleme als Trittbrettfahren. Nehmen wir z. B. die Rechtsstaatlichkeit, die ein öffentliches Gut ist. Ohne Rechtsstaatlichkeit könnten Märkte nicht funktionieren (Kap. 2), was bedeutet, dass es absurd wäre, Rechtsstaatlichkeit zu einem marktfähigen Gut zu erklären. Es gibt auch Fälle im Zusammenhang mit Umweltleistungen (Kap. 7), in denen Markttransaktionen externe Effekte verursachen, die nicht vermieden werden können, unabhängig davon wie kühn der Staat auch versucht, die privaten Eigentumsrechte neu zu definieren.

Monopol

Der zweite Grund besteht darin, dass es in manchen Branchen einen einzigen Produzenten gibt (Monopol) oder bestenfalls einige wenige Hersteller (Oligopol). In einem idealen Markt verbleibt den Unternehmen nichts, nachdem jeder Produktionsinput bezahlt wurde (Löhne, Gehälter, Rohstoffe, Instandhaltung, imputierte Kosten für Maschinen und Geschäftsausstattung, Zinszahlungen auf Kredite usw.). Da ein Monopolist keine Konkurrenz von anderen Unternehmen hat, kann er einen höheren Preis als P_E (Abb. 9) verlangen und einen Gewinn erzielen. Als Folge davon werden Monopolisten schlecht beurteilt. Wir brauchen jedoch Monopolisten, denn Unternehmen müssen Gewinne aus Verkaufserlösen als Anreiz haben, wenn sie Ressourcen für Forschung und Entwicklung (F&E) verwenden sollen, um neue Erzeugnisse zu entwickeln und billigere Möglichkeiten zur Herstellung bestehender Produkte erfinden sollen (was wünschenswert ist). Außerdem versuchen Monopolisten, ihre Führungsposition durch F&E aufrechtzuerhalten, um den Markteintritt von Konkurrenten zu vereiteln (was weniger wünschenswert ist). Ohne Beschränkung würden die Monopolisten aber versuchen, mehr als ihre F&E-Ausgaben wieder einzuspielen. In den reichen Ländern wurden

Kartellgesetze beschlossen, um Unternehmen daran zu hindern.

Monopole sind auch aus einem anderen Grund ein notwendiges Übel. Es gibt Güter, deren Produktionskosten pro erzeugter Einheit mit steigendem Output fallen. Ökonomen bezeichnen dieses Phänomen als ›Skalenerträge‹. Infrastruktur (Straßen, Eisenbahnnetze, Stromleitungen, Kanalisation) stellen Beispiele dar. Gemeinschaften können es sich nicht leisten, sie zu produzieren, weil sie zu klein dazu sind. Im Gegensatz dazu würde der Markt sie bereitstellen, wenn seine Reichweite groß genug wäre und die Kosten der Gebührenerhebung bei den Benutzern niedrig wären. Ein Unternehmen, das Infrastrukturen bereitstellt, muss groß genug sein, um niedrige Stückkosten zu haben. Daher sind private Produzenten von Infrastruktur meist Monopole oder zumindest Oligopole. Mit dem Wachstum von Beckys Welt dehnte sich auch die Reichweite des Marktes aus, und die Gesellschaft stützte sich mehr und mehr auf private Unternehmungen zur Bereitstellung von Infrastruktur, wiewohl sie ihre Regierungen beauftragt haben, die Produzenten zu regulieren, damit sie keine Monopolgewinne erzielen. Transportnetzwerke sind ein Beispiel. Natürlich begünstigt die Benützung von Infrastruktur, wie moderner Kanalisation, durch Haushalte auch andere (positive externe Effekte), was erklärt, dass in Beckys Welt üblicherweise die lokalen Behörden so eine Dienstleistung bereitstellen. In Destas Welt fehlen Infrastrukturen, wie z. B. permanent benutzbare Straßen, häufig wegen eines Teufelskreises: Durch den Mangel an zuverlässigen Netzwerken können Märkte ihre Reichweite nicht ausdehnen; durch das Fehlen von Märkten können

Haushalte keine anonymen Transaktionen abwickeln; und weil die öffentliche Korruption in der Bauwirtschaft wuchert, werden keine dauerhaft benützbaren Straßen errichtet; die Haushalte bleiben daher arm.

Makroökonomische Schwankungen

Der dritte Grund, warum Märkte vom Ideal weit entfernt sind, entsteht aus der bereits früher festgestellten Tatsache, dass Transaktionen auf Märkten nur abgewickelt werden können, wenn sie nachprüfbar sind. Märkte für unterschiedliche Qualitäten können nur dann entstehen, wenn die Qualität verifizierbar ist. Moral Hazard und negative Auslese verhindern die Entstehung von Märkten, weswegen es in unserer Welt nur wenige Terminmärkte und bedingte Märkte gibt. Haushalte und Unternehmen müssen Entscheidungen auf der Grundlage des derzeitigen Wertes ihres Vermögens treffen, der derzeit gültigen Kassapreise für Waren und Dienstleistungen und der Erwartungen, die sie über die Preise (einschließlich der Löhne) haben, mit denen sie auf den Kassamärkten in der Zukunft konfrontiert sein werden. Da Erwartungen selbsterfüllend sein können, kann es kurzfristig mehr als eine Menge von sich selbst bestätigenden Erwartungen geben. Einige führen zu einer vernünftigen Nutzung der Produktionskapazitäten einer Volkswirtschaft, andere führen zu Krisen.

Analyse von Konjunkturschwankungen sind Sache der Makroökonomie, die sich mit der Analyse von (nationalen) Wirtschaften in aggregierter Form befasst (Kap. 1). Historisch betrachtet, wurde die Makroökonomie als Fachgebiet entwickelt, um kurzfristige Schwankungen in der aggregierten ökonomischen Aktivität zu untersuchen, gemessen an solchen Indikatoren wie Output (BIP), Beschäftigung und Preisniveau (dem aggregierten Niveau der Güterpreise ausgedrückt in Geld).

Was für Schwankungen sind das? Halten wir fest, dass Beckys Welt seit dem Zweiten Weltkrieg nahezu ununterbrochen Verbesserungen im Lebensstandard genossen hat (Kap. 1). Das BIP lag jedoch immer wieder unter dem potenziellen BIP, welches als der aggregierte Output definiert ist, den die Wirtschaft produziert hätte, wenn alle bestehenden Maschinen, Geschäftsausstattung und das gesamte jeweils verfügbare Arbeitskräftepotenzial voll beschäftigt gewesen wären. Während der Großen Depression in den dreißiger Jahren des vorigen Jahrhunderts war die wirtschaftliche Krise in Europa und den USA so tief, dass nicht nur Fabriken und Ausstattungen brachlagen, sondern auch 25–30 % des Arbeitskräftepotenzials keine Beschäftigung finden konnte. Welche Erklärung steckt hinter Krisen und der damit einhergehenden Arbeitslosigkeit?

Ökonomen haben viele Erklärungen geliefert. Sie werden oft als Reflexion verschiedener Schulen gesehen: Keynesianisch, Neo-Keynesianisch, Klassisch, Neoklassisch, Reale Konjunkturtheorien usw.; das ist auch richtig so, denn es wäre wohl ziemlich eigenartig, wenn alle Konjunkturschwankungen gleich wären. Während der 1990er Jahre erfuhr Japan, das Land des ökonomischen Wunders der Nachkriegszeit, eine ökonomische Krise, die erst in jüngster Zeit Anzeichen eines Endes erkennen ließ. Während des letzten Jahrzehnts betrug die offizielle Arbeitslosenquote in Frankreich und dem anderen Wirtschaftswunderland der Nachkriegszeit, Deutschland, rund 10 %, während sie in Großbritannien bei etwa 4–5 % lag. Die Arbeitslosenquote in den USA bewegte sich während einiger Jahre im Bereich von 6 %. Erwartungsgemäß unterscheiden sich die Länder hinsichtlich ihrer Arbeitsgesetzgebung, Besteuerung, Arbeitslosenentschädigungen und ihrer Sozialversicherungssysteme; und Deutschland durchlebte die Wiedervereinigung am Beginn der 1990er Jahre. Die Länder in Beckys Welt unterscheiden sich auch in so banalen Dingen wie den Kriterien, nach denen jemand als arbeitslos erfasst wird. Wir sollten überrascht sein, wenn eine einzige Erklärung alle Krisen erfassen könnte. Der Umfang dieses Buchs erlaubt es nicht, auf die makroökonomischen Schwankungen und die potenzielle Rolle des Staates bei der Glättung dieser Schwankungen auf einem hohen Niveau ökonomischer Aktivität näher einzugehen. Das ist ein Bereich, der seine eigene kleine Einführung verdiente. Dennoch ist es lehrreich, ein Modell zu skizzieren, das zeigt, welche Rolle dieser allgegenwärtige mentale Zustand, genannt ›Erwartungen‹, bei der Entstehung von Konjunkturschwankungen auf Märkten spielen kann.

Nehmen wir also eine Situation, in der aus dem einen oder anderen Grund (vielleicht wegen Gerüchten, vgl. Kap. 2) die Produzenten vermuten, dass die Nachfrage nach ihren Gütern gering sein wird. Es läge dann im Interesse aller Hersteller, die Produktion zu drosseln, die Lager herunterzufahren und die Nachfrage nach Arbeitskräften zu reduzieren. Wenn das Arbeitskräfteangebot konstant bliebe, dann gäbe es am Markt ein Überschussangebot an Arbeitskräften. Wenn Anpassungen rasch stattfänden, würden die Löhne fallen. Wenn aber die Löhne sinken, dann fallen auch die Einkommen, was zu einem Rückgang der Nachfrage nach Waren und Dienstleistungen bei den zu Beginn unserer Darstellung herrschenden Preisen führen wird. Dieser Rückgang verursacht seinerseits wiederum ein Sinken des Preisniveaus. Niedrigere Preise veranlassen die Unternehmer, weniger Arbeit nachzufragen, so dass sich die kurzfristigen Erwartungen der Unternehmer erfüllen. Anders ausgedrückt, wenn die Produzenten erwarten, dass sich Preise und Löhne parallel entwickeln, dann wird die aggregierte Nachfrage kaum auf Änderungen im Preisniveau reagieren. Jeder Produzent würde erleichtert aufatmen, dass er sich in seiner (kurzfristigen) ökonomischen Prognose nicht geirrt hatte, er würde jedoch wegen der schlechten Zeiten zu Recht besorgt sein.

Nehmen wir im Gegensatz dazu an, dass aus dem einen oder anderen Grund die Produzenten vermuten, dass die Nachfrage nach ihren Erzeugnissen hoch sein wird. Dann läge es im Interesse jedes Produzenten, die Produktion aufrechtzuerhalten (ja, sie sogar zu steigern) und die Lager aufzubauen. Eine entsprechende Argumentationskette würde zum Ergebnis führen, dass so eine Überzeugung kurzfristig selbsterfüllend sein könnte. Jeder Produzent würde erleichtert aufatmen, dass er sich in seiner (kurzfristigen) ökonomischen Prognose nicht geirrt hatte, und würde wegen der guten Zeiten zu Recht hocherfreut sein.

Die Probleme werden noch erschwert, wenn Preise oder Löhne starr sind. Der Ökonom Joseph Stiglitz hat gezeigt, dass die Phänomene des Moral Hazard und der negativen Auslese auf den Arbeitsmärkten zu Situationen führen können, in denen die Löhne nach unten starr sind. Wenn der Reallohn für eine bestimmte Art von Arbeit nach unten starr ist und die Nachfrage nach Arbeit kleiner als das Angebot ist, dann werden folglich einige Arbeiter nicht beschäftigt werden. Diejenigen, die Arbeit finden, sind bessergestellt, als diejenigen, die abgewiesen wurden. Ökonomen bezeichnen diesen Zustand als unfreiwillige Arbeitslosigkeit, um ihn von einer Situation zu unterscheiden, in der jemand z. B. vorübergehend arbeitslos ist, weil er einen besseren als den derzeitigen Arbeitsplatz sucht. Diese Lohnrigidität wird nicht wirksam werden, wenn die Produzenten wegen überschwenglicher Erwartungen jede Menge an Arbeitskräften nachfragen, weswegen sich eine Wirtschaft durch euphorische Erwartungen aus eigener Kraft aus einem Konjunkturtief zur Vollbeschäftigung entwickeln kann.

John Maynard Keynes, Michal Kalecki und Bertil Ohlin ragten aus der Reihe jener Ökonomen heraus, die in den dreißiger Jahren des vorigen Jahrhunderts eine aktive Wirtschaftspolitik des Staates zur Wiederbelebung der in einer Depression steckenden Volkswirtschaften empfahlen. Erweiterungen ihrer Ideen stammten neben anderen von den Ökonomen James Meade, Paul Samuelson und James Tobin. Eine mögliche Erklärung für die Notwendigkeit von Fiskal- und Geldpolitik (Steuern und Subventionen, öffentliche Investitionen, Zinssätze, Kreditmöglichkeiten) besteht darin, dass sie dazu beitragen, die Erwartungen der Menschen über die Zukunft zu ändern. Die richtige Kombination der verschiedenen Politikmöglichkeiten finden zu müssen, kann jedoch ein Albtraum sein: Unterschiedliche Konjunkturrückgänge erfordern verschiedene Heilmittel, weswegen makroökonomische Stabilisierung noch immer ein umstrittenes Thema ist.

5 Wissenschaft und Technologie als Institutionen

Institutionen sind öffentliche Güter. Eine Gesellschaft sieht sich mit der Aufgabe konfrontiert, jene Kombination von Institutionen zu entwickeln, die sich vermutlich für sie am besten eignet. Im Rest dieses Buchs werden wir uns mit den Interaktionen der Institutionen befassen. Um zu erkennen, um welche Fragen es sich dabei handelt, lohnt es sich, mit der Analyse jener Institutionen zu beginnen, die ein Gut erzeugen, das wohl jeder Leser interessant findet: Wissen.

Wissen ist das öffentliche Gut schlechthin. In seiner Anwendung ist es nicht-rivalisierend (wenn jemand die Differentialrechnung zur Lösung eines Problems verwendet, so wird dadurch niemand gehindert, seinerseits die Differentialrechnung zur Lösung seines Problems zu verwenden). Wissen ist nicht-ausschließbar, außer sein Erzeuger hält es geheim. Wissen ist ein dauerhaftes Gut, dasselbe Wissen kann immer wieder verwendet werden. Wenn heute jemand das Rad erfindet, würden wir feststellen, dass er nur das Rad wieder erfunden hätte; er hätte nichts Wertsteigerndes beigetragen. Außerdem sollte niemandem etwas für die Nutzung des Wissens verrechnet werden, da seine Anwendung keine zusätzlichen Kosten verursacht.

Diese Feststellungen sind heutzutage Allgemeinwissen, sie bergen jedoch ein Problem in sich. Wenn Wissen allen frei zur Verfügung steht, dann könnten dessen Entdecker und Erfinder nur einen Erlös aus ihren Anstrengungen erzielen, wenn sie ihre Entdeckungen geheim hielten oder aus ihrem Wissensvorsprung Gewinn erzielen könnten. Das bedeutet, dass private Anreize zur Wissensproduktion gering sind. Die Aufgabe besteht nun darin, zuverlässigere Möglichkeiten als Abgeltung für jene Menschen zu finden, die entdecken und erfinden.

Durch die Verwendung der Begriffe ›Entdecker‹ und ›Erfinder‹ möchte ich die Verwendung des Wortes ›Wissen‹ nicht auf die Ergebnisse von Wissenschaft und Forschung beschränken; ich möchte Innovationen in den Künsten, im Kunsthandwerk, in der Musik und der Literatur einbeziehen. Ich werde mich jedoch auf Beispiele aus Wissenschaft und Technologie in der gängigen Definition beschränken, um die zwei sich überschneidenden Institutionen darzustellen, die sich in unserer Zeit zur Wissensproduktion herausgebildet haben. Dabei werden wir herausfinden, dass unsere Analyse auch auf andere Formen kreativer Arbeit anwendbar ist.

Unter wissenschaftlichem und technischem Wissen verstehe ich grob gesprochen das, was die alten Griechen darunter verstanden, nämlich Erkenntnis (*Episteme*, spekulatives, theoretisches oder abstraktes Wissen) beziehungsweise Fertigkeit (*Techne*, [Kunst-] Handwerk oder praktisches Wissen). Nach meinem Verständnis betrachtete Aristoteles es als unhöflich, *Techne* überhaupt zu diskutieren, ja sogar die Errungenschaften in diesem Bereich zu verzeichnen. Seine Abhandlungen waren auf *Episteme* ausgerichtet. Im Gegensatz dazu widmeten sich moderne Ökonomen der *Techne*, was aus unserer häufigen Verwendung des Begriffs ›technischer Fortschritt‹ erkennbar ist, als wir Gründe für das stetige Wirtschaftswachstum in Beckys Welt anführten (Kap. 1).

Forschung und Entwicklung (F&E) sind Inputs in die Wissensproduktion. Öffentlich finanzierte F&E sind die Wicksell-Samuelson-Lösung (Kap. 2) für das Anreizproblem in der Wissensproduktion. Aus Gründen, die in Kürze klar werden sollten, werde ich die Institution öffentlich finanzierter F&E als Wissenschaft bezeichnen. Konkret wird die Stelle, welche F&E finanziert, der Staat sein, obwohl in Beckys Welt private Stiftungen und große Unternehmen wesentlich zur Erhöhung der Ressourcen beitragen, welche vom Staat in die Wissenschaft fließen.

Damit das mit öffentlichen Mitteln produzierte Wissen allen frei zur Verfügung steht, enthalten die Verträge eine Bedingung, nach der Entdeckungen und Erfindungen veröffentlicht werden müssen. Wissen umfasst jedoch häufig technische Inhalte. Wie kann der Staat verhindern, dass Schwindler und Scharlatane das Vorhaben trüben? Moderne Gesellschaften haben dieses Problem negativer Auslese gelöst, indem sie darauf bestehen, dass Veröffentlichungen über Zeitschriften erfolgen, die einen Prozess der Rezension durch die Fachwelt (*peer review*) voraussetzen. Genaue Überprüfung durch die Fachkollegen reduziert ein Problem der Gesellschaft weitgehend, nämlich ihre Unfähigkeit, gute von schlechten Produkten zu unterscheiden.

Es gibt jedoch mit der Wissenschaft noch ein Problem. Da ein Großteil der kreativen Arbeit im Kopf geleistet wird und F&E dem Zufall unterliegt, ist es nicht möglich festzustellen, ob jemand dem Abkommen entsprochen und hart gearbeitet hat. Woher sollte der Zahlende wissen, ob die Wissenschaftler denken oder tagträumen? Immerhin könnten faule Wissenschaftler behaupten, dass sie einfach Pech hatten. Die Gesellschaft steht somit dem Problem des Moral Hazard gegenüber, was bedeutet, dass die Zahlung nicht aufgrund von Zeit oder Anstrengung erfolgen sollte. Eine Alternative ist eine fixe Zahlung für eine wissenschaftliche Tätigkeit, aber auch dabei gibt es ein Problem. Wenn die Wissenschaftler die Vergütung einstreichen könnten, unabhängig davon, ob sie irgendetwas Relevantes produzieren, wäre der Anreiz, hart zu arbeiten, abgeschwächt; womit wir bei einer anderen Version des Moral Hazard angelangt wären. Wenn diese Risiken verringert werden sollen, muss die Zahlung irgendwie auf der Leistung beruhen. Solche Zahlungsformen werden ›Akkordarbeit‹ genannt. Im gegenwärtigen Zusammenhang bedeutet ›Akkordarbeit‹ Zahlung auf der Grundlage der Qualität des Ergebnisses von F&E.

Aus ganz ähnlichen Gründen war Akkordarbeit für Gelegenheitsarbeiter bei Erntearbeiten gang und gäbe. Jetzt geben Maschinen das Tempo vor, was dazu führt, dass die Leistung des Menschen überprüfbar ist. Deswegen ist Akkordarbeit sogar in der Landwirtschaft weniger gebräuchlich geworden. Leistungsbezogene Prämien, häufig in Form von Aktienoptionen, sind heutzutage in großen Unternehmen wegen des Moral Hazard üblich, denen sich Aktionäre gegenübersehen (Kap. 6). Im Wissenssegment lebt eine besondere Form der Akkordarbeit weiter, die eine äußerst bedeutsame Rolle in den wirtschaftlichen Transformationen gespielt hat, aus denen Beckys Welt hervorging.

Um die in der Wissenschaft dominierende Version der Akkordarbeit zu verstehen, sollten wir uns in Erinnerung rufen, dass ein bestimmtes Wissen nicht öfter als einmal entwickelt werden muss, d. h., diejenigen, die ein bestimmtes Fachwissen erstellen, nachdem es bereits von jemand anderem veröffentlicht wurde, tragen nichts bei. Das impliziert wiederum, dass nur der erste Entdecker oder Erfinder belohnt werden sollte. Um Wissenschaftler zu ermuntern, lohnende Entdeckungen zu machen, muss das Auszahlungsschema auch vorsehen, dass die Entlohnung umso höher ausfällt, je bedeutender die Entdeckung ist. Die Überlegung ist daher, Forschung in einen Wettstreit umzuwandeln.

Man kann argumentieren, dass auch die Verlierer belohnt werden sollten, um die Teilnahme am wissenschaftlichen Wettstreit anzuregen. Das Problem ist, dass Verlierer übertriebene Ansprüche hinsichtlich ihrer eigenen Fortschritte stellen könnten, sobald der/die Sieger/in seine/ihre Ergebnisse veröffentlicht hat. Diese Möglichkeit führt zu einem weiteren Moral Hazard für die Zahlungsverpflichtete. Das von der Wissenschaft angewandte Schema, das all diese Probleme vermeidet, ist die ›Vorrangregel‹. Unter dieser Regel erhält der Gewinner alles, was die Zahlungsverpflichtete zu bieten hat. In der Wissenschaft gehen die Zweiten leer aus.

Was ich soeben beschrieben habe, ist natürlich nicht buchstäblich wahr. Erstens sind Wissenschaftler ein geschwätziger Haufen, was bedeutet, dass die Kollegen üblicherweise ungefähr wissen, wie weit die Verlierer hinter der Siegerin zum Zeitpunkt der Veröffentlichung der Entdeckung lagen. Zweitens verfolgen keine zwei Wissenschaftler genau dieselbe Forschungsstrategie, was bedeutet, dass die Verlierer ebenfalls interessante Erkenntnisse produzieren. Daher werden auch Verlierer belohnt. Die Alles-für-den-Sieger-Variante der Vorrangregel ist einfach eine stilisierte Art auszudrücken, dass in der Wissenschaft die Sieger überproportional belohnt werden.

Die Vorrangregel ist sinnvoll, weil sie eine Veröffentlichung neuer Erkenntnisse auslöst, die in dem Moment, in dem der Wissenschaftler den ausschließlichen Besitz der Erkenntnis aufgibt, einen privaten Vermögenswert schafft. Vorrang ist der Preis in der Wissenschaft. In den Worten des Biologen Peter Medawar verleiht er den Gewinnern moralischen Anspruch auf Entdeckungen, obwohl niemand rechtlichen Besitz daran erwirbt.

Aber auch die Vorrangregel birgt Probleme in sich. Sie legt die gesamte Last der Risiken, die bei F&E unvermeidbar sind, auf die Schultern der Wissenschaftler. Das kann kein effizientes System sein, da auch Wissenschaftler, wie geringere Sterbliche, risikoscheu sind. Also sollten Wissenschaftler, damit sie ermuntert werden, an Wettbewerben teilzunehmen, irgendetwas erhalten, unabhängig davon, ob sie bei den Wettbewerben, auf die sie sich einlassen, erfolgreich sind oder nicht. Aus dieser Sicht erlangt die Feststellung von Kenneth Arrow, dass »die Komplementarität zwischen Forschung und Lehre aus dem Blickwinkel der Ökonomie so etwas wie ein glücklicher Zufall ist«, ihre volle Bedeutung. Diese »Komplementarität« erklärt, warum so viele Wissenschaftler an den Universitäten beschäftigt sind, und sie erklärt außerdem, warum in den letzten Jahrhunderten einige der größten wissenschaftlichen Fortschritte an den Universitäten erzielt wurden. Unkündbarkeit als eine viel diskutierte Form des Dienstvertrags für Anstellungen an Universitäten ist eine Möglichkeit der Selbstbindung der Gesellschaft, sich nicht einzumischen, wenn es für einen Wissenschaftler Gründe gibt, in eine bestimmte Richtung zu forschen und nicht in eine andere, und wenn andere Leute Gründe dafür geltend machen, mit dem Wissenschaftler nicht übereinzustimmen.

Die von mir angestellten Überlegungen, die zur Vorrangregel führten, waren zwar großteils in der Sprache der modernen Ökonomie formuliert, die Regel selbst besteht jedoch schon viel länger als meine Disziplin. (Gesellschaften sind meist wesentlich klüger als gesellschaftliche Denker.) Die Royal Society of London (gegründet im Jahr 1662) und ähnliche Akademien in Paris, Rom und Berlin wurden eingerichtet, um den Austausch wissenschaftlicher Erkenntnisse zu erleichtern und neue Entdeckungen und Erfindungen zu bestätigen. Diese Akademien legten auch die Vorrangregel gesetzlich fest, administrierten sie und entwickelten sich zu einer Arena für Auseinandersetzungen und für einander widersprechende Ansprüche auf Priorität. Der Streit zwischen Newton und Leibniz über den moralischen Anspruch auf die Differentialrechnung ist nur das berühmteste Beispiel.

Weder die Vorrangregel noch die Akademien entstanden jedoch in einem Vakuum. Der Wirtschaftshistoriker Paul A. David führte ihre Ursprünge auf ein Problem zurück, dem sich die Herrscher im Italien der späten Renaissance in zunehmendem Maß gegenübersahen: Nach welchen Kriterien sollten sie Wissenschaftler auswählen, die ihren Hof zieren sollten? Zweifellos folgt die Entwicklung von Institutionen nicht dem Diktat analytischer Vernunft, sondern es ist die analytische Vernunft, die erklärt, worauf Evolutionen hinauslaufen. Selbst der Begriff eines moralischen Besitzanspruchs auf schöpferische Leistungen entstand zeitlich vor den Akademien. Es war z. B. unter Dichtern im mittelalterlichen Indien durchaus üblich, in ihren Gedichten von sich selbst namentlich in der dritten Person zu sprechen. Dadurch prägte der Dichter (meistens waren es Männer) dem Werk seinen Stempel auf – je besser der Dichter war, umso berühmter war er, umso größer war seine Zuhörerschaft und umso größer daher sein materieller Nutzen. Schriftgelehrte, Philosophen und Scholaren aus Eurasien hatten den offenen Wissenstransfer sogar schon früher praktiziert. Der Anthropologe Jack Goody hat die raffinierten Möglichkeiten aufgezeigt, mit denen die Schöpfer von Kunstwerken selbst in Gesellschaften ohne Schrifttradition auf ihren Arbeiten Spuren hinterließen, damit sie nicht in Vergessenheit geraten. Diese frühen Praktiken waren aber eher zufällig. Durch die Vorrangregel wurde der schöpferischen Leistung der Stempel einer offiziellen Institution aufgedrückt.

Es gibt aber auch Grenzen der Wissenschaft. Sich ausschließlich auf staatliche Mittel zur Finanzierung von F&E zu verlassen, ist problematisch, da Wissen zwei weitere Eigenschaften aufweist: Weder weiß jemand wirklich, was das herzustellende Gut sein wird, bevor es tatsächlich produziert wird; noch weiß jemand im Voraus, wie es hergestellt werden soll. Natürlich haben Experten wahrscheinlich bessere Vorstellungen als andere, welche Probleme mit welchen Mitteln lösbar sind. Wenn die Gesellschaft sicherstellen möchte, dass ein breites Portfolio wissenschaftlicher und technischer Probleme auf dem Tisch liegt, sollte sie F&E-Aktivitäten nicht nur in der Wissenschaft ermutigen, sondern auch in einer parallelen Institution, in der Entdeckungen und Erfindungen privatisiert wurden. Wir wollen diese Institution Technologie nennen.

Eine Möglichkeit zu verhindern, dass Wissen von anderen genutzt wird, besteht in dessen Geheimhaltung. In früheren Zeiten hielten Praktiker der Alchemie, Hexerei, Magie und Hersteller bestimmter Erzeugnisse (Glas, Metalle, Präzisionsinstrumente) sowie Experten, die komplexe Buchführungsprobleme für Händler und Geschäftsleute (wie z. B. die Rechenmeister, die ›Cossisten‹, im Deutschland des 16. Jahrhunderts) lösen konnten, ihr Wissen und ihre Fähigkeiten geheim. Im Zeitalter der Entdeckungen wurden die Seekarten der Handelsrouten sorgfältig gehütet. Geheimnisträger konnten aus ihrem Wissen Gewinn schlagen, weswegen Geheimhaltung meist *Techne* betraf. Nachbauen, um einen modernen Ausdruck zu gebrauchen, ist eine Gefahr in der Sachgüterproduktion, ebenso wie die Möglichkeit, dass Konkurrenten dieselben Erfindungen machen. Monopolrechte auf Wissen oder Patente schaffen Abhilfe für dieses Problem. Das Patentsystem – und das damit verwandte Copyright für Bilder und verbale Darstellungen – ermöglicht es den Leuten, ihre Erkenntnisse bekannt zu machen, ohne sie zu verpflichten, die Gewinne aus diesen Erkenntnissen zu teilen. Es stellt eine rechtliche Möglichkeit dar, Wissen zu einem ausschließbaren Gut zu machen. Dieses System bietet eine private Belohnung für die Veröffentlichung und verleiht den Preis aufgrund des Vorrangs der Veröffentlichung. Das Patentsystem fördert den Wettbewerb in der Technologie, wie die Vorrangregel den Wettstreit in der Wissenschaft belebt.

Die systematische Verwendung von Patenten nahm vom Venedig des Jahres 1474 ihren Ausgang, als die Repu-

G. R.

By His MAJESTY's Royal Letters Patent, Granted to
Richard Wakefield, for his New Invented Method of Tuning
and keeping in Tune *Harpsichords, Piano Fortes,* and *Spinnets.*

The annexed PLATE represents two different Views of a HARPSICHORD with its Improvements.

Abb. 12: Ein Patent aus dem 18. Jahrhundert für das Stimmen von
Cembalos   (© Science Museum / SSPL)

blik Erfindern neuer Verfahren und neuer Maschinen über
die Dauer von zehn Jahren Privilegien versprach. Der ei-
gentliche Vorläufer des heutigen Patentrechts war das englische Monopolstatut (*Statute of Monopolies*) aus dem Jahr
1623. Es formuliert das allgemeine Prinzip, dass nur dem
»ersten und wahren« Erfinder eines neuen Produkts ein
Monopolpatent verliehen werden sollte – im Fall des Sta-
tuts von 1623 für eine Zeitdauer von vierzehn Jahren.
Selbst den Vorläufern modernen Patentrechts war es nicht
möglich, ein Naturgesetz patentieren zu lassen, weswegen

es gebräuchlich ist, dass Patente dem Bereich der *Techne* zugeordnet werden. Die jüngsten Patentverfahren in der Biotechnologie haben gezeigt, dass es nicht immer ganz einfach ist, sich darauf zu einigen, was ein Naturgesetz ist.

Wir wollen zusammenfassen, was in früheren Kapiteln entwickelt wurde: Verhalten in der Technologie wird vom Markt angetrieben und daher mittels des Gesetzes durchgesetzt; in der Wissenschaft hingegen wird das Verhalten von der Gemeinschaft dominiert und daher durch Normen durchgesetzt. Beide Institutionen erzeugen Wissen; in ersterer wird es als privates Gut betrachtet, während es in letzterer als öffentliches Gut angesehen wird. Die Anreize in Wissenschaft und Technologie unterscheiden sich auf eine Art, die Wissenschaftler und Techniker dazu ermuntert, ihre Erzeugnisse in Übereinstimmung mit den Gebräuchen jener Institution zu betrachten, der sie angehören. Es sollte dann aber auch nicht überraschen, dass die Eigenschaften dessen, was produziert wird, auch unterschiedlich sind. Die übliche Unterscheidung zwischen Wissenschaft und Technologie, nach der erstere sich mit Grundlagenforschung beschäftigt (deren Output ein Input in die Produktion zusätzlichen Wissens ist), letztere mit angewandter Forschung (deren Output ein Input in die Produktion von Waren und Dienstleistungen ist), erklärt die beiden mit den Unterschieden in ihren Ergebnissen. Der hier entwickelte Standpunkt, Wissenschaft und Technologie als Institutionen zu betrachten, scheint mir tiefer zu greifen. Er ermöglicht zu erklären, *warum* wir erwarten, dass ihre Outputs verschieden sind.

Wir betrachten es heute als selbstverständlich, dass für Wissenschaftler Anreize bestehen, ihre Ergebnisse zu veröffentlichen. Die Entstehung der gesellschaftlichen Einrichtungen, welche diese Anreize verkörpern, war keine Selbstverständlichkeit. Noch war ihre Entstehung einfach, denn sie erforderte die gemeinsamen Anstrengungen der Wissenschaftler und ihrer Mäzene. Die Rolle der Akademien, Behauptungen der Wissenschaftler einer genauen Analyse zu unterziehen, zwischen konkurrierenden Behauptungen über Priorität zu entscheiden und die Qualität jener zu beurteilen, die sich der Wissenschaft widmen, war von großer Bedeutung. Achtung durch die Fachkollegen, Medaillen, Ehrenurkunden als Währungen, in denen Wissenschaftler entlohnt wurden, sind bemerkenswerte Innovationen, weil sie nicht allzu viele Ressourcen beanspruchen. Damit diese gesellschaftlichen Konstrukte wirksam werden, besteht ein guter Teil der Bildung der Wissenschaftler darin, dass sie eine Vorliebe für nichtmonetäre Belohnungen entwickeln. Diese Vorliebe ermöglichte es der Wissenschaft, Wissen auf billige Art hervorzubringen. In steigendem Ausmaß muss jedoch die Vorliebe für diese Art gesellschaftlicher Konstrukte mit den monetären Belohnungen konkurrieren, welche die Technologie bietet. Wenn die monetären Belohnungen steigen – und sie sind in den letzten Jahren beträchtlich gestiegen –, wird die Vorliebe für die Bräuche der Wissenschaft für den Wissenschaftler immer mehr zu einem Luxus. Wissenschaft schließt kulturelle Werte ein, die ständig gegen die Drohung ihrer Konkurrentin, der Technologie, verteidigt werden müssen. Diese Bedrohung hat sich als so real herausgestellt, dass die beiden Institutionen in den letzten Jahren begonnen haben, ineinander zu verschmelzen. Wissenschaftler verhalten sich zunehmend wie Techniker, während Techniker sich sowohl der monetären Belohnungen der Technologie als auch der Medaillen und Ehrenurkunden erfreuen, welche die Wissenschaft zu bieten hat.

Trotz dieser Spannungen gedeihen in Beckys Welt Wissenschaft und Technologie weiterhin. Derzeit betragen die Ausgaben für F&E etwa 2,5 % des BIP der reichen Länder, während die entsprechende Zahl für die armen Länder deutlich weniger als 1 % ist. Durch die Tatsache, dass das BIP der reichen Nationen etwa sechs Mal so groß ist wie jenes der armen Länder, sollten wir weder überrascht sein, dass der Großteil des wissenschaftlichen und technischen Fortschritts in Beckys Welt stattfindet, noch dass Destas Welt diese Fortschritte bestenfalls nur sehr beschränkt nutzen kann. Dabei habe ich die relativen Bildungsausgaben in den beiden Welten noch nicht einmal erwähnt.

Die institutionellen Entwicklungen in Wissenschaft und Technologie, die ich nur allzu kurz skizziert habe, fanden in Europa während einer Periode statt, welche Historiker als das Zeitalter der Aufklärung bezeichnen. Dieser Begriff führt zur Verärgerung, wenn er erkenntnistheoretisch verstanden wird. Und er verärgert Intellektuelle in der Tat, weil er meist so interpretiert wird. Sie sträuben sich dagegen, dass die analytisch-empirische Wissensbasis – worauf sowohl Wissenschaft als auch Technologie aufbauen – eine europäische Erfindung ist. Und sie fragen: »Und was ist mit all den Zivilisationen in früheren Zeiten, welche Gelehrte hervorgebracht haben, die bleibende Beiträge zum Wissen geleistet haben?«

Wir wollen ein für allemal festhalten, dass die analytisch-empirische Basis keine Erfindung von Beckys Welt ist und dass der mystisch-offenbarende Zugang nicht auf Destas Welt beschränkt ist. Jede Gesellschaft, mit der ich auch nur vage vertraut bin, hat beides eingesetzt, häufig sogar gleichzeitig. Was erklären könnte, warum heute Menschen aus allen Ecken dieser Welt in der Lage sind, Wissenschaft und Technologie mit Leichtigkeit auszuüben, wenn sie auch nur den Anflug einer Chance dazu haben; ihr ›kultureller‹ Hintergrund scheint nie ein Hindernis zu sein. Mit großer Geste Beweise dafür vorzubringen, dass wissenschaftlicher und technologischer Fortschritt in Destas Welt bereits zu einer Zeit stattfanden, als Beckys Welt noch in Dunkelheit gehüllt war, bringt uns nicht weiter, sondern wiederholt nur Gemeinplätze. Was Europa im Zeitalter der Aufklärung schaffte, war insofern wesentlich bedeutender als eine Revolution der Erkenntnistheorie, als Derartiges nirgendwo vorher erreicht wurde. Europa erschuf Institutionen, welche es ermöglichten, die Entstehung, Verbreitung und Anwendung von Wissen – in der Tat, die gesamte Wissensindustrie – von kleinen Eliten auf die Allgemeinheit zu übertragen, ein Transfer, der den analytisch-empirischen Ansatz des Denkens so verfeinerte, dass er zur Routine wurde. Diese Errungenschaft erklärt großteils die makroökonomischen Ergebnisse, die ich in Kapitel 1 beschrieb.

6 Haushalte und Unternehmen

Gemeinschaften und Märkte sind übergreifende Institutionen. Menschen handeln in ihnen nicht nur unmittelbar, sondern auch durch eine Anzahl kleinerer Institutionen, unter denen Haushalte und Wirtschaftsunternehmen die bedeutendsten sind. Wenn wir uns diese Institutionen näher ansehen, lohnt es sich zu fragen, was Menschen durch sie erreichen wollen. Zugegeben, der Haushalt ist in der Menschheit so tief verwurzelt, dass es eigenartig erscheint, seine ökonomischen Zielsetzungen zu hinterfragen. Selbst von dieser allgegenwärtigen Institution wissen wir jedoch, dass sie sich in der Reaktion auf Ressourcenknappheiten gewandelt hat. Ich werde nicht auf die eher offensichtliche Bedeutung von Haushalten und Unternehmen eingehen, die sie für das Überleben der Menschen haben, und, wenn sie gut miteinander koordiniert sind und Glück haben, sogar für den Wohlstand. Stattdessen werden wir ihre besonders charakteristischen Merkmale untersuchen, um die riesigen Unterschiede zwischen Beckys und Destas Lebensumständen besser zu verstehen.

Haushalte

In sesshaften Gemeinschaften ist die Familie jene Institution, in der üblicherweise die stärksten persönlichen Bindungen vorherrschen. Ökonomen und Statistiker erachten es als nützlicher, mit einem zeitgemäßen Begriff – dem Haushalt – zu operieren, der eine kleinere Einheit ist als die Familie. Unter Haushalt wird meist eine Einheit zum

Wirtschaften oder zum Konsum verstanden. Seine Mitglieder essen gemeinsam oder nehmen Mahlzeiten ein, die aus einem gemeinsamen Vorrat an Lebensmitteln zubereitet wurden.

Wir nehmen an, dass Eltern das Wohlergehen des Haushalts als Ganzes, womit ich das Wohlbefinden seiner Mitglieder meine, beschützen und fördern wollen. Die Eltern könnten jedoch unterschiedliche Vorstellungen darüber haben, was unter »als Ganzes« zu verstehen ist. In Destas Welt, in der die erweiterte Familie die Entscheidungen des Haushalts beeinflusst, sind nicht nur die Eltern relevant, auch die Großeltern (oder sogar das erweiterte Netzwerk der Verwandten) beeinflussen Haushaltsentscheidungen.

Sozialwissenschaftler haben herausgefunden, dass die Allokation der Grundbedürfnisse – Freizeit, Nahrungsmittel, Gesundheit und Bildung – innerhalb von Haushalten in Destas Welt ungleich verteilt sind. Einige dieser Ungleichheiten sind aus purer Notwendigkeit heraus entstanden. Nehmen wir die Verteilung der Nahrungsmittel. Etwa 60–75 % des täglichen Energiekonsums über die Nahrungsmittelzufuhr einer Person werden für die Erhaltung des Lebens (Blutkreislauf, Aktivitäten des Gehirns, Erneuerung des Gewebes, Metabolismus usw.) benötigt, während die verbleibenden 25–40 % für beliebige Tätigkeiten (Arbeit und Freizeit) verwendet werden. Diese 60–75 % sind so etwas wie ein ›fixer‹ Bedarf: Langfristig brauchen die Menschen ihn als ein Minimum, unabhängig davon, was sie tun. Wir würden daher erwarten, dass in sehr armen Haushalten Nahrungsmittel ungleich verteilt sein werden, selbst wenn sie in denselben Haushalten, wären diese reich, gleich verteilt wären. Um das zu erkennen, nehmen wir an, dass der Energiebedarf zur täglichen Erhaltung des Lebens 1500 Kilokalorien (kcal) betrage. Nehmen wir einen Vier-Personen-Haushalt, der nur über 5000 kcal verfügt. Gleichverteilung würde bedeuten, dass niemand überschüssige Energie hätte. Ungleiche Verteilung der Nahrungsmittel ermöglichte dem produktivsten Haushaltsmitglied zu arbeiten und damit die Chancen zu erhöhen, dass es dem Haushalt in Zukunft besser gehen wird. Hätte der Haushalt andererseits wesentlich mehr als 6000 kcal zur Verfügung, könnte man die Nahrungsmittel gleich verteilen, ohne die Zukunft des Haushalts zu beeinträchtigen. Wenn Nahrungsmittel sehr knapp sind, erhalten die jüngeren und schwächeren Mitglieder in Destas Haushalt weniger zu essen als die anderen, selbst wenn ihr Alter berücksichtigt wird. In guten Zeiten hingegen können es sich Destas Eltern erlauben, egalitär zu handeln. Im Gegensatz dazu kann sich Beckys Haushalt immer genug Nahrungsmittel leisten. Ihre Eltern verteilen die Nahrungsmittel an jedem Tag gleich – wiederum unter Berücksichtigung des unterschiedlichen Ernährungsbedarfs.

Ungleichheiten zwischen den Geschlechtern

Die soeben angestellten Überlegungen können nicht allein den Fortbestand und das Ausmaß der Haushaltsungleichheiten in der armen Welt erklären. In einem bemerkenswerten Aufsatz hat der Demograph Pravin Visaria festgestellt, dass das Frau-Mann-Verhältnis in Indien seit der Volkszählung im Jahre 1901 gesunken ist, noch schlimmer, es ist deutlich kleiner als 1. Laut der jüngsten Volkszählung gibt es in Indien 93 Frauen pro 100 Männer. In der reichen Welt beträgt diese Relation derzeit 106 zu 100. Zur Beantwortung der Frage, die der Epidemiologe Lincoln Chen als Reaktion auf Visarias Ergebnis gestellt hatte, nämlich »Wo sind all die Frauen geblieben?«, erhob er mit seinen Mitarbeitern geschlechtsspezifische Sterblichkeitsstatistiken und anthropometrische Statistiken in Dörfern des Indischen Subkontinents und fand in armen Haushalten eine Verzerrung bei der Zuteilung von Nahrungsmitteln und Gesundheitspflege zugunsten der Männer. Man muss daraus vermuten, dass die Eltern nicht nur weiblichen Kindesmord praktizieren, sondern auch nach der Geburt den Mädchen Pflege und Fürsorge vorenthalten, um ihre Zahl im Haushalt zu verringern.

Gesundheitsdiskriminierung gegenüber Mädchen ist nicht auf den Indischen Subkontinent beschränkt; sie besteht auch in China. Solange gesellschaftliche Normen erfordern, dass Eltern für die Mädchen eine massiv beeinträchtigende Mitgift zahlen müssen und dass Söhne für ihre alten Eltern sorgen, ist für arme Haushalte eine Präferenz für männliche Nachkommen unvermeidbar. Wenn wir jedoch annehmen, dass Mütter wahrscheinlich mit Töchtern größeres Mitgefühl haben als Väter, würden wir erwarten, dass – cet. par. – die Diskriminierung weiblicher Nachkommen im Hinblick auf Ernährung und Gesundheit in jenen Haushalten geringer ist, in denen Frauen gebildet sind oder Zugang zu bezahlter Beschäftigung haben oder das Haushaltsbudget verwalten. Dafür gibt es Belege sowohl auf dem Indischen Subkontinent als auch in Afrika südlich der Sahara.

Das Verhältnis von Frauen zu Männern in Afrika südlich der Sahara beträgt 102 zu 100, was bedeutet, dass das Frauen-Männer-Ungleichgewicht in Indien nicht ausschließlich eine Folge der Armut ist. Die Demographin Esther Boserup beobachtete, dass Frauen eine wichtige Rolle in der Landwirtschaft spielen, wenn die Böden mit der Hacke bearbeitet werden (wie in Afrika südlich der Sahara), im Unterschied zu Regionen (wie dem Indischen Subkontinent), in denen die Böden hauptsächlich gepflügt werden. Boserup stellte einen Zusammenhang zwischen der Technologie der Bodenbearbeitung und der Stellung der Frauen her. Frauen-Diskriminierung variiert auf dem Indischen Subkontinent mit den ökologischen Zonen. Frauen sind im Anbau auf Terrassen, wo eher manuelle Geschicklichkeit und weniger Kraft erforderlich ist, wesentlich mehr beschäftigt. Im Weizenanbau, wo Kraft ein wesentlicher Input ist (das Arbeiten mit dem Pflug erfordert physische Stärke), sind Frauen weniger involviert. In Indien ist in den Reis produzierenden Staaten (sie liegen im Süden und im Osten) die Relation Frau – Mann höher als in den Weizen produzierenden Staaten (sie sind hauptsächlich im Norden).

In der armen Welt hängen Geschlechter-Ungleichgewichte in der Gesundheit innerhalb von Haushalten mit der Fertilitätsentscheidung zusammen. Da Frauen durch die Schwangerschaft und das Aufziehen von Kindern bei weitem höhere Kosten tragen, würden wir erwarten, dass Männer sich mehr Kinder wünschen als Frauen. Andererseits würden Frauen, wenn sie ökonomisch stärker gefährdet sind als Männer, mehr Kinder haben wollen als Männer, da Kinder eine Versicherung gegen besonders missliche Umstände bieten. In jedem Fall würden erwartungsgemäß die Geburtenraten in jenen Gesellschaften niedriger sein, in denen die Frauen mehr Einfluss besitzen. Daten über den Status der Frauen in Destas Welt zeigen ein unmissverständliches Bild: Hohe Fertilität, hohe Quoten weiblichen Analphabetentums, niedriger Frauenanteil in bezahlter Beschäftigung und ein hoher Prozentsatz an Frauen, die zu Hause ohne Bezahlung arbeiten, gehen Hand in Hand.

Eigentumsrechte und Fertilität

Wir haben nun zwei Faktoren untersucht, die Fertilitätsverhalten beeinflussen: Konformismus und Beziehungen zwischen den Geschlechtern. Beide zusammen erklären die auffallenden Unterschiede in den Geburtenraten zu einem wesentlichen Teil. Es gibt jedoch auch signifikante Unterschiede im Fertilitätsverhalten zwischen dem Indischen Subkontinent und Afrika südlich der Sahara, die wahrscheinlich auf Unterschiede in den Eigentumsrechten zwischen den beiden Regionen zurückgehen. (In den jüngeren Jahrzehnten unterschieden sich die Fertilitätsraten um ungefähr den Faktor 2.) Den Eltern entstehen niedrigere Kosten der Fortpflanzung, wenn die Kosten des Großziehens von Kindern unter der Verwandtschaft geteilt werden (ein weiteres Beispiel für eine starke Bindung). In Afrika ist Pflege innerhalb der Verwandtschaft gang und gäbe. Kinder werden nicht von ihren Eltern allein aufgezogen; die Verantwortung ist auf die gesamte Verwandtschaft aufgeteilt. Die Institution der Pflege zerreißt im afrikanischen Zusammenhang nicht die Bande zwischen Eltern und Kindern. Diese Institution ermöglicht eine Form des wechselseitigen Versicherungsschutzes (vgl. S. 157 f.). Weil die Möglichkeiten des Sparens in den landwirtschaftlichen Regionen Afrikas mit ihrer niedrigen Produktivität gering sind, könnte dieses System der Pflege den Haushalten einen Ausgleich von Konsumschwankungen ermöglichen. In Teilen Westafrikas lebten stets bis zur Hälfte aller Kinder bei Verwandten. Neffen und Nichten haben dieselben Rechte auf Wohnung und Unterstützung wie die biologischen Nachkommen. Wenn der Nutzenanteil der Eltern aus der Präsenz von Kindern ihren Kostenanteil übersteigt, dann ergibt sich aus der Abmachung ein Problem des Trittbrettfahrens. Aus der Sicht der Eltern insgesamt würden unter diesen Umständen zu viele Kinder in die Welt gesetzt.

Im Afrika südlich der Sahara hat in der Vergangenheit gemeinschaftlicher Landbesitz innerhalb einer gesellschaftlichen Stammesstruktur den Haushalten weitere Anreize zur Fortpflanzung geliefert. Große Familien werden (oder wurden, zumindest bis vor kurzer Zeit) mit einem größeren Anteil an dem Land belohnt, das dem Stamm oder Clan gehört. Gemeinschaftlicher Landbesitz und ein starkes verwandtschaftliches System zur Unterstützung der Kinder sind zusammengenommen eine Quelle reproduktiver Externalitäten, welche die Fertilität anregen. Auf dem Indischen Subkontinent steht im Gegensatz dazu das Land nicht im kommunalen Eigentum, was vermutlich die dort herrschende größere Landknappheit widerspiegelt. Eine große Familie führt zur Zersplitterung des Landbesitzes, was den Anreiz zur Fortpflanzung dämpft.

Versicherung Sich gegen ein Risiko zu versichern ist eine Handlung zur Verminderung des Risikos. Die Menschen erreichen dies durch Tausch von Waren und Dienstleistungen über unsichere zufällige Ereignisse, in dem sie auf jeden Fall eine kleine Summe (die Prämie) bezahlen und im Falle eines unglücklichen Ausgangs eine Entschädigung erhalten. Risikovermeidung scheint ein allgemeines Verlangen zu sein. Wenn Destas Eltern zwischen sicheren 5000 € und einer gleichverteilten Chance auf entweder 4000 € oder 6000 € zu wählen hätten, würden sie sich für das sichere Einkommen entscheiden. Obwohl das Durchschnittseinkommen der beiden Alternativen gleich ist (5000 €), besteht bei letzterem ein Risiko, bei ersterem nicht. Was wäre jedoch, wenn ihnen die Wahl zwischen 5000 € mit Sicherheit oder einer Chance auf entweder 3000 € oder 11 000 € geboten würde? Die letzte Option ist riskant, aber ihr Mittelwert (oder Durchschnitt) beträgt 7000 €, nämlich € (3000 + 11 000)/2, was wesentlich höher ist als 5000 €. Es ist unklar, für welche Option sie sich entscheiden würden. Risikoscheue Personen gehen auch Risiken ein, aber nur, wenn diese Risiken entsprechend höhere erwartete Einkommen bieten. Im gegenwärtigen Beispiel könnte der niedrigere Betrag, 3000 €, die Zukunft des Haushalts gefährden. In diesem Fall würde die riskante Option abgelehnt. Genauso zahlen Menschen, um ihre Risiken zu verringern, jedoch nur, wenn die zu leistende Zahlung nicht allzu hoch ist.

Weder haben Haushalte in Destas Dorf Zugang zu Versicherungsgesellschaften, noch bietet der Staat Versicherung gegen Unglück. Die Dorfbewohner versichern einander durch Gegenseitigkeit (Kap. 2). Das Problem besteht darin, dass Gemeinschaften den einzelnen Haushalten nur wenig Puffer gegen Risiken bieten können. Wenn die Ernte von Destas Vater ausfällt, weil der Regen ausblieb oder weil es einen Befall von Schädlingen gegeben hat, dann geht es der Ernte auf den benachbarten Feldern auch nicht viel besser. Destas Haushalt braucht genau dann Hilfe, wenn andere in der Gemeinschaft ebenfalls Hilfe benötigen. Und ebenso haben andere Haushalte dann eine gute Ernte, wenn Destas Haushalt sich auch einer guten Ernte erfreut. Statistisch gesprochen sind landwirtschaftliche Risiken innerhalb des Dorfes ›positiv korreliert‹. Obwohl also Gemeinschaften für das Überleben in Destas Welt wichtig sind, sind sie nicht imstande, den Haushalten viel zur Verbesserung ihrer Lage zu bieten. Weil sich die Menschen nicht ausreichend gegen Fehlschläge versichern können, zögern sie, Tätigkeiten zu unternehmen, die ihnen die Chance zu einem großen Erfolg bieten, wenn dabei auch die Möglichkeit eines großen Verlustes besteht. Destas Welt ist zum Teil deswegen arm geblieben, weil sie keine Institutionen entwickelt hat, die den Leuten ermöglichen, produktive, aber riskante Tätigkeiten auszuüben.

Da die Möglichkeiten der Versicherungen gegen Ernteausfälle sehr gering sind, verfolgen Haushalte in Destas Dorf zusätzliche, risikomindernde Strategien, wie z. B. Diversifikation im Anbau. Destas Eltern pflanzen Mais, Teff und Enset (eine bananenartige Pflanze, die als minderwertig angesehen wird) in der Hoffnung, dass sie, im Falle des Ausbleibens von Mais in einem Jahr, Enset über die Runden bringen wird. Dass die lokale Ressourcengrundlage in

Destas Dorf in gemeinschaftlichem Besitz ist, könnte sehr wohl teilweise auf den gemeinsamen Wunsch zurückgehen, die Risiken zu verteilen. Waldgebiete sind räumlich inhomogene Ökosysteme. In einem Jahr trägt eine Gruppe von Pflanzen Früchte, in einem anderen Jahr eine andere Gruppe. Wenn die Waldgebiete in private Parzellen unterteilt wären, würde jeder Haushalt ein größeres Risiko tragen als bei gemeinschaftlichem Eigentum. Die Verminderung des individuellen Haushaltsrisikos aufgrund des gemeinschaftlichen Eigentums mag gering sein, da jedoch die Durchschnittseinkommen sehr niedrig sind, ist der Nutzen des gemeinschaftlichen Eigentums für die Haushalte groß.

Viele gesellschaftliche Gewohnheiten in der armen Welt reflektieren das allgemeine Verlangen, das Risiko zu vermindern. So ermöglicht z. B. das Verbleiben des Sohnes im Hause des Vaters und das Erbrecht des Sohnes den Männern, ihr Wissen über die Besonderheiten ihres Grund und Bodens einzusetzen, das sie von Kind auf erlernt haben. Beide Bräuche sind das gängige Muster in den meisten landwirtschaftlichen Kulturen, in denen Ackerbau die Grundlage der Existenz ist. Damit zusammenhängend stellen wir auch fest, dass mit größerer Entfernung von zwei Dörfern die Korrelation zwischen den landwirtschaftlichen Outputs wahrscheinlich kleiner ist. Wir würden daher erwarten, dass Haushalte, die größere Risiken von Ernteausfällen haben, Verbindungen durch Heirat über größere Entfernungen eingehen. Dafür gibt es ebenfalls vereinzelte Belege.

Im Unterschied zu Destas Eltern haben Beckys Eltern Zugang zu einer umfangreichen Anzahl von Versicherungsmärkten, die hunderttausende Haushalte im ganzen Land umfassen (ja der ganzen Welt, wenn die Versicherungsgesellschaft multinational ist). Überdies springt die Regierung bei nicht versicherten Ereignissen (Erdbeben, Überschwemmung) ein. Das trägt zur Risikoreduktion in größerem Ausmaß bei, als für Destas Eltern verständlich ist. Warum? Erstens stehen räumlich voneinander entfernte Risiken eher weniger miteinander in Beziehung als nahegelegene Risiken. Zweitens können Beckys Eltern ihre Risiken mit wesentlich mehr Haushalten teilen. Mit einer ausreichenden Anzahl von Haushalten und ausreichend voneinander unabhängigen Risiken kann eine wechselseitige Versicherung jedem Haushalt ein Ergebnis mit ziemlich niedrigem Risiko garantieren. Das ist die Bedeutung des berühmten Gesetzes der Großen Zahl in der Wahrscheinlichkeitstheorie. Dem Unglück eines Haushalts entspricht fast mit Sicherheit ein glückliches Ereignis in einem anderen Haushalt, der weit entfernt unter ganz anderen Umständen lebt. Das Gesetz der Großen Zahl besagt, dass bei Wettbewerb zwischen den Versicherungsunternehmen die Prämien, welche die Haushalte bezahlen würden, gleich dem Betrag der durchschnittlichen Verpflichtung plus den Kosten der Verwaltung der Versicherung wären. Natürlich können diese Kosten hoch sein, denn sie schließen nicht nur die Zeit und die Ressourcen ein, die für den unvermeidlichen Verwaltungsaufwand erforderlich sind, sondern auch die Ressourcen zur Trennung von guten und schlechten Risiken (Schutz der Versicherungsunternehmen gegen negative Auslese) und zur Überwachung einer ausreichenden Vorsorge der Versicherten (Schutz gegen Moral Hazard). Weil Märkte und

Regierungen den Vorteil des Gesetzes der Großen Zahlen nützen können, sind sie trotz dieser Verwaltungskosten den Gemeinschaften bei weitem überlegen. Die Menschen können ihre Risiken in erstaunlichem Ausmaß über Märkte absichern. Und weil sie das können, sind sie so kühn, um sich auf Aktivitäten einzulassen, die risikoreich sind, aber hohe erwartete Erträge abwerfen. Das ist ein Grund, warum Beckys Welt derzeit so reich ist.

Borgen, Sparen und Investieren Wenn man keine Versicherungen abschließt, dann hängt das Einkommen in hohem Maße davon ab, ob man Glück hat oder nicht. Der Abschluss von Versicherungen trägt zur Verminderung der Abhängigkeit vom Glück bei. Das menschliche Verlangen nach Reduktion dieser Abhängigkeit hängt mit dem ebenso verbreiteten Verlangen nach Glättung (d. h. dem Ausgleich) des Konsums über die Zeit zusammen. Man möchte nicht gerne einmal schlemmen und ein andermal fasten oder einmal Hochkonjunktur und dann wieder Rezession erleben; man möchte gerne täglich mäßig essen und trinken, regelmäßig in den Urlaub fahren usw. Natürlich haben Menschen zu bestimmten Zeitpunkten in ihrem Leben große Ausgaben, wie z. B. für den Kauf eines Hauses, die Studiengebühren der Kinder, Hochzeiten oder Begräbniskosten. Der Einkommensstrom im Laufe eines Lebens passt nicht mit dem Strom der notwendigen Ausgaben zusammen. Daher müssen die Menschen Möglichkeiten finden, um die Ausgaben über die Zeit zu verteilen.

Hypotheken, Sparen für die Ausbildung der Kinder und Pensionen helfen dabei. Beckys Eltern haben eine Hypothek auf ihr Haus aufgenommen, weil sie es im Zeitpunkt des Kaufs nicht durch einen einfachen Kredit hätten finanzieren können. Die sich daraus ergebenden Schulden verringern ihren zukünftigen Konsum, ermöglichten ihnen aber, das Haus zum gewünschten Zeitpunkt zu kaufen. Beckys Eltern zahlen auch in einen Pensionsfonds ein, der gegenwärtigen Konsum in die Zeit ihrer zukünftigen Pensionierung transferiert. Destas Vater wurde Mitglied des *iddir*, um Begräbniskosten zahlen zu können. Borgen für aktuellen Konsum überträgt zukünftigen Konsum in die Gegenwart; durch Sparen und Investieren erreicht man das Gegenteil. Da Kapitalgüter produktiv sind, wird ein heute investierter Euro mehr wert sein als ein Euro morgen. Das ist ein Grund, warum man in Beckys Welt für das Borgen Zinsen zahlen muss und warum Sparen bedeutet, dass man Zinsen erhält, und dass Investitionen auf dem Aktienmarkt positive Erträge abwerfen (hoffentlich!).

Um diese Überlegungen zur Marktwirtschaft zu formalisieren, wollen wir Unsicherheit außer acht lassen und annehmen, dass man eine Maschine – z. B. aus dem Ausland – für 100 000 € kaufen kann, die – nach Abzug der Kosten für Arbeit, Zwischenprodukte, Erhaltung und Ersatzteile sowie Marketing – ein jährliches Nettoeinkommen von 5000 € abwirft. Das bedeutet, dass die Investition im Falle des Kaufs der Maschine einen Ertrag von 5 % (5000/100 000) erzielen wird. Nehmen wir nun an, es gibt eine große Zahl von Investitionsmöglichkeiten. Damit man gerade diese Maschine kauft und einsetzt, darf man mit keiner anderen Investitionsmöglichkeit einen größeren jährlichen Ertrag als 5 % erzielen. Vermutlich gibt es jede Menge von Projekten, die weniger als 5 % erzielen. Diese werden einfach von vornherein schon ausgeschieden.

Sie sind im Besitz einer großen Menge Geldes (eigentlich sind Sie eine Bank!) und jemand kommt zu Ihnen, um einen Kredit von 100 000 € zur Finanzierung des Kaufs eines Hauses aufzunehmen. Sie sollten dem Kreditnehmer einen Zinssatz von 5 % auf das verliehene Kapital verrechnen. Wenn Sie weniger verrechnen, hätten Sie einen Einkommensverlust (Sie wären besser dran, in eine weitere dieser Maschinen zu investieren oder in irgendeine andere Investitionsmöglichkeit mit einem jährlichen Ertrag von 5 %); wenn Sie mehr verlangen, dann würde eine Konkurrenzbank den Kreditnehmer durch Unterbietung mit einem niedrigeren Zinssatz an sich ziehen. Sie möchten sich auch als Bankier spezialisieren. Daher wollen Sie nicht selbst ein Hersteller werden; Sie wollen eher Geld an Unternehmer verleihen, die Produzenten werden wollen. Welchen Zinssatz werden Sie diesen Unternehmern verrechnen? 5 % natürlich. Wenn Sie weniger verlangen, werden Sie sich einer unbegrenzten Nachfrage nach Krediten gegenübersehen; wenn sie mehr verlangen, wird niemand bei Ihnen wegen eines Kredits anfragen.

Eine einfache Möglichkeit, die Probleme zu formulieren, denen sich Beckys Eltern gegenübersehen, wenn sie sich ihre Konsum- und Sparentscheidungen überlegen, ist anzunehmen, dass sie sich selbst für Mitglieder einer Dynastie halten. Damit drücken wir aus, dass sie sich nicht nur um ihr eigenes Wohlergehen und das von Becky und Sam sorgen, sondern auch um das Wohlergehen ihrer Enkel, Urenkel usw. Das machen sie natürlich nicht ausdrücklich. Beckys Eltern berücksichtigen unmittelbar nur das Wohlergehen ihrer Kinder; aber (und das ist entscheidend) sie wissen, dass Becky und Sam, wenn sie an der

Reihe sind, Konsum- und Sparentscheidungen zu treffen, das Wohlergehen *ihrer* Kinder berücksichtigen werden, und dass die Enkel wiederum das Wohlergehen der Urenkel berücksichtigen werden usw., über die Generationen hinweg. Beckys Eltern investieren beträchtlich in die Ausbildung ihrer Kinder; sie erwarten weder, dass ihnen das zurückgezahlt wird, noch legen sie Mittel für die Ausbildung ihrer Enkel beiseite, da diese in der zukünftigen Verantwortung von Becky und Sam liegen. In Beckys Welt werden die Ressourcen von den Eltern auf die Kinder übertragen. Kinder sind eine direkte Quelle des elterlichen Wohlergehens; sie sind keine Investitionsgüter. Es erübrigt sich, darauf hinzuweisen, dass bei diesen Überlegungen über Generationen hinweg den Erwartungen eine große Bedeutung zukommt.

Es gibt Hinweise, dass die Menschen – cet. par. – lieber heute konsumieren, als zu warten. Damit ist gemeint, dass wir ungeduldig sind. Möglicherweise neigen wir dazu wegen der geringen Wahrscheinlichkeit, dass es für uns kein Morgen gibt, oder weil wir fürchten, dass die Konsummöglichkeiten nicht mehr verfügbar sein werden, wenn wir zuwarten (es sei an die Redewendung erinnert: »Der Spatz in der Hand ist mir lieber als die Taube auf dem Dach«). Was immer auch der tiefere Grund sein mag, wir diskontieren zukünftigen Konsum einfach deswegen, weil er erst in der Zukunft eintritt. Die Menschen haben aber auch – cet. par. – das Verlangen, ihren Konsum über die Zeit auszugleichen; damit drücken wir aus, dass wir ein geringeres Bedürfnis nach einer marginalen Erhöhung des Konsums haben, wenn der Konsum bereits hoch ist, als wenn der Konsum niedrig ist. Weder Ungeduld noch der

Wunsch, den Konsum zu glätten, passen jedoch mit der Tatsache zusammen, dass die Menschen in Beckys Welt immer reicher geworden sind und dabei immer mehr konsumiert haben, noch mit der Tatsache, dass sie erwarten, das auch in der vorhersehbaren Zukunft fortzusetzen. Warum haben die Menschen in der Vergangenheit nicht weniger gespart, um ihren Konsum zu glätten? Oder, gleichbedeutend, warum erhöhen Beckys Eltern nicht ihren derzeitigen Konsum zu Lasten eines Teils des zukünftigen Konsums ihrer Kinder?

Um eine Erklärung zu finden, nehmen wir realistischerweise an, dass die Ertragsrate fürs Sparen größer ist als die ›Rate der Ungeduld‹ in Bezug auf den Konsum heute gegenüber dem Konsum morgen. Für unsere theoretischen Überlegungen könnten wir der Einfachheit halber annehmen, dass die Rate der Ungeduld vernachlässigbar ist und dass der Kapitalmarkt eine positive Ertragsrate fürs Sparen bietet – sagen wir 5 % pro Jahr. Nehmen wir nun einen Haushalt, der sich ein Konsumniveau von 120 000 € in diesem Jahr und 120 000 € im nächsten Jahr (wir schreiben das als 120 000 €, 120 000 €) an) leisten kann. Da die Ertragsrate aufs Sparen 5 % jährlich beträgt, könnte der Haushalt auch mit der Perspektive von (119 999 €, 120 001 €) leben. Das Verlangen nach Gleichheit des Konsums im Zeitverlauf bedeutet, dass der Haushalt (120 000 €, 120 000 €) als etwas wünschenswerter ansieht als (119 99 €, 120 001 €). Wenn man daher vom Haushalt verlangt, in diesem Jahr Waren und Dienstleistungen im Ausmaß von 119 999 € zu konsumieren, so würde er im nächsten Jahr Waren und Dienstleistungen im Umfang von etwas mehr als 120.001 als Kompensation verlangen. Gibt es Aussicht auf einen Konsum, den sich der Haushalt leisten kann und der wünschenswerter ist als (120 000 €, 120 000 €)? Die Antwort ist: Ja. Wir können sogar noch etwas mehr sagen: Der Wunsch nach Glättung des Konsums und die Aussicht auf einen positiven Ertrag fürs Sparen bedeuten, dass von all den Konsumaussichten, die sich ein Haushalt leisten kann, diejenige bevorzugt wäre, bei welcher der Konsum im Lauf der Zeit steigt.

Um das zu beweisen, wird es zweckmäßig sein, einen neuen Begriff zu definieren. Wir wollen den Prozentsatz, zu dem der Haushalt bereit ist, Konsum in diesem Jahr gegen Konsum im nächsten Jahr zu substituieren, als ›Konsumdiskontsatz‹ zwischen zwei Jahren bezeichnen. Wenn dieser Diskontsatz r ist, dann verlangt der Haushalt zusätzlichen Konsum im nächsten Jahr in Höhe von € (1+r) für eine Verringerung des Konsums um 1 € in diesem Jahr. Damit drücken wir nur auf andere Weise aus, dass Konsum im Wert eines zusätzlichen Euros im nächsten Jahr für den Haushalt in diesem Jahr Konsum in Höhe von € (1+r) wert ist (eine Argumentation die wir in Kap. 2 entwickelten). Die Höhe von r hängt von den Konsumperspektiven ab. So ist zum Beispiel die Konsumdiskontrate eines Haushalts mit der Perspektive (120 000 €, 120 000 €) gleich Null (wie erinnerlich, ist dieser Haushalt nicht ungeduldig, und er wünscht eine Glättung des Konsum über die Zeit, cet. par.); hingegen ist die Konsumdiskontrate eines Haushalts mit der Perspektive (120 000 €, 125 000 €) positiv (der Haushalt ist nicht ungeduldig und wünscht eine Glättung des Konsums über die Zeit, cet. par.).

Wir können nun ein allgemeines Ergebnis festhalten, dessen gegenwärtige Form auf den Ökonomen Irving Fischer und den Mathematiker, Philosophen und Ökonomen Frank Ramsey zurückgeht: Unter allen Konsumperspektiven, die sich ein Haushalt leisten kann, ist jene bevorzugt, bei der zu jedem Zeitpunkt die Konsumdiskontrate der Ertragsrate des Sparens entspricht. Der Beweis ist einfach: Wenn die Konsumdiskontrate kleiner ist als die Ertragsrate des Sparens, dann würde der Haushalt ein wenig mehr sparen wollen. Aber etwas mehr zu sparen bedeutet einen etwas geringeren Konsum heute, was den Konsum stärker auf die Zukunft ausrichtet, was wiederum die Konsumdiskontrate erhöht. Umgekehrt, wenn die Diskontrate größer ist als die Ertragsrate des Sparens, würde der Haushalt derzeit etwas weniger sparen wollen. Weniger sparen zu wollen bedeutet hingegen, derzeit etwas mehr konsumieren zu wollen, was den Konsum stärker in die Gegenwart kippt, was wiederum den Konsumdiskontsatz senkt. Wir haben somit bewiesen, dass die beste Konsumperspektive jene ist, entlang der die Konsumdiskontrate des Haushalts gleich der Ertragsrate des Sparens ist.

Der Wunsch nach Glättung des Konsums und die Abwesenheit von Ungeduld bedeuten, dass die Konsumdiskontrate des Haushalts nur dann positiv ist, wenn der Konsum im Verlauf der Zeit steigt. Das erklärt, warum das Verlangen nach Konsumglättung im Verlauf der Zeit in einer produktiven Wirtschaft sich in wachsendem Konsum niederschlägt. Wir können dieses Ergebnis weiter verallgemeinern: Wenn die Rate der Ungeduld in Bezug auf den Konsum kleiner ist als die Ertragsrate des Sparens, dann würde ein Haushalt, der seinen Konsum glätten möchte, sparen, um sich im Verlauf der Zeit eines steigenden Konsums zu erfreuen.

Diese Berechnungen sehen für Destas Eltern völlig anders aus. Ihr Haushalt ist in seinen Möglichkeiten, Konsum über die Zeit zu transferieren, äußerst eingeschränkt, da sie keinen Zugang zu Kapitalmärkten haben. Zugegeben, Destas Eltern investieren in ihr Land (Unkrautentfernung, Brache von Teilen des Bodens usw.), aber das dient nur der Vermeidung einer Produktivitätsverringerung des Bodens. Überdies kann Destas Familie Mais nach jeder Ernte nur durch Einlagerung des Getreides konsumieren. Es ist eine grausame Tatsache, dass Ratten und Feuchtigkeit eine zerstörerische Kombination sind. Die Lager verringern sich, was bedeutet, dass die Ertragsrate für Lagerung negativ ist (ein Kilogramm heute eingelagerter Mais ist morgen weniger als ein Kilogramm). Eine Argumentation, die mit der soeben für Beckys Eltern entwickelten identisch ist, kann nun dazu verwendet werden, um zu zeigen, dass es für Destas Eltern am besten wäre, mehr in den Wochen unmittelbar nach der Ernte als in späteren Wochen zu konsumieren. Das erklärt, warum Destas Familie in den Wochen vor der nächsten bevorstehenden Ernte immer weniger konsumiert und immer schwächer wird. Destas Eltern haben nämlich erkannt, dass der menschliche Körper ein effizienterer Speicher ist als der Boden, auf dem sie ihren Mais einlagern. Daher konsumiert die Familie noch mehr Mais, als sie ansonsten nach der Ernte konsumieren würden, und greift in den Wochen vor der nächsten Ernte auf ihre gespeicherte Körpermasse zurück, wenn die Maisreserven bereits erschöpft sind. Über das Jahr hinweg zeigt der Maiskonsum eine Sägezahnmuster, eine Gewohnheit, deren weite Verbreitung in Subsistenzlandwirtschaften beobachtet wurde. Desta und ihre Geschwister sind ökonomisch wertvolle Aktiva, da sie zur täglichen Haushaltsproduktion beitragen. Der Transfer von Ressourcen in Destas Haushalt erfolgt, im Unterschied zu Beckys Haushalt, von den Kindern zu ihren Eltern.

Weiter oben haben wir eine Reihe von Gründen gefunden, warum die Menschen im Afrika südlich der Sahara eine große Zahl von Kindern anstreben. Desta hat fünf Geschwister. Leider hat das hohe Bevölkerungswachstum das lokale Ökosystem zusätzlich belastet, so dass sich der lokale Gemeinbesitz, der bisher einigermaßen vernünftig verwaltet wurde, verschlechtert hat. Dass dies tatsächlich so ist, findet seinen Ausdruck in der Klage von Destas Mutter darüber, dass der tägliche Zeitaufwand und die tägliche Mühe für die Sammeltätigkeit am Gemeinbesitz in den vergangenen Jahren gestiegen sind.

Unternehmen

Wir definieren Unternehmen als Institutionen, deren einziger Zweck die Produktion von Waren und Dienstleistungen für den Markt ist. Unternehmen, die Ersparnisse von jenen, deren Einkommen und liquide Aktiva ihre Ausgaben übersteigen (junge Haushalte wie Beckys), an sich ziehen und zu jenen transferieren, die mehr ausgeben wollen als ihr Einkommen und ihre Aktiva (Pensionisten wie Beckys Großeltern), bilden das Finanzsystem einer Wirtschaft. Finanzinstitutionen umfassen Banken, Kreditkartenunternehmen, Sparkassen. Ebenso ermöglichen Versicherungsgesellschaften einen Transfer von Einkommen über ungewisse zufällige Ereignisse. Und dann gibt es Unternehmen, die Güter herstellen (Werkzeuge, Reparaturdienste, Nahrungsmittel usw.). Konkurs ist ein weitverbreitetes Phänomen bei Unternehmen. Um ein Gefühl für die Größenordnung in Beckys Welt zu vermitteln: Etwa 642 000 Unternehmen erklärten sich in den USA im Jahre 1990 für bankrott, während gleichzeitig 646 000 Unternehmen neu gegründet wurden. Offensichtlich erscheinen und verschwinden Unternehmen laufend.

Beschränkte Haftung und Aktiengesellschaften

Ähnlich wie die Infrastruktur (Kap. 4) erzielen Industriebetriebe und sogar der Einzelhandelssektor Skalenerträge. Um zu wachsen, muss ein Unternehmen typischerweise große Investitionen tätigen, was bedeutet, dass es seine Finanzquellen für die neuen Investitionen weit streuen muss. Einzelunternehmer und Offene Handelsgesellschaften sind dazu nicht in der Lage. Die Eigentümer sind in der Lage, größere Risiken zu absorbieren, wenn sie einen Vertrag errichten, der ihnen das Vorrecht der ›beschränkten Haftung‹ gibt; eine solche Unternehmung wird eine juristische Person oder Kapitalgesellschaft genannt. Kapitalgesellschaften können Kapital aufbringen, indem sie ›öffentlich‹ werden und Anteile ausgeben (das sind die Aktien des Unternehmens). Durch den Kauf von Aktien eines Unternehmens erwirbt der Investor das Recht auf einen Anteil an den Dividenden des Unternehmens. Das Unternehmen haftet für all seine Schulden. Wenn es bankrott geht, so werden seine Aktiva verkauft. Das durch den Verkauf der Aktiva erhaltene Geld geht zuerst an die Gläubiger (Beschäftigte, Banken, Anleihebesitzer, Lieferanten); wenn Geld übrig bleibt, so geht das an die Aktienbesitzer. Wenn eine Kapitalgesellschaft bankrott geht, könnten die Aktionäre sehr wohl all ihr Geld verlieren, das sie durch den Kauf ihrer Aktien investiert haben, aber sie können nicht mehr verlieren als ihre ursprüngliche Investition (das ist beschränkte Haftung).

Wenn ein Unternehmen sich zur AG wandelt, so bedeutet das, dass seine Aktien an der Börse gehandelt werden können. Da die Leute Aktien verschiedener Unternehmen kaufen können, wird ihnen bei der Vorsorge für die Zukunft durch die Börse sogar eine Streuung des Risikos ermöglicht. Der Ertrag aus dem Kauf von Aktien setzt sich aus der Dividende plus den Kapitalgewinnen (oder -verlusten) der Aktien zusammen.

Finanzieren können Kapitalgesellschaften neue Investitionen durch 1. Borgen vom Finanzsektor durch die Ausgabe von Anleihen, 2. Einbehaltung eines Teils der Gewinne oder 3. die Ausgabe neuer Aktien. Aus Sicht der Aktionäre wäre die ideale Vorgangsweise seitens des Managements die Maximierung des Börsewertes des Unternehmens. Das Problem liegt jedoch darin, dass keine zwei Aktionäre einer Meinung darüber sind, was das richtige Vorgehen ist, noch wird das Management generell mit den Aktionären übereinstimmen. Zusätzlich sehen sich die Aktionäre einem Moral Hazard gegenüber, da viele Handlungen des Managements wahrscheinlich nicht nachprüfbar sind. Die Börsenkurse der Aktien fassen die Einschätzungen der Aktionäre über die Risiken eines Aktienkaufs zusammen. Das Verhältnis der Schulden einer Kapitalgesellschaft zum Eigenkapital beeinflusst die Anreize des

Abb. 13: Händler an der Frankfurter Börse
(© Joachim Messerschmidt / Taxi / Getty Images)

Managements: Bei zu geringen Schulden hat das Management wenig Anreiz, größere Effizienz anzustreben; bei zu hohen Schulden stört das größere Risiko eines Konkurses das Verhalten des Unternehmens. Die Finanzstruktur eines Unternehmens bildet daher ein Signal für die Außenwelt. Sie beeinflusst die Einschätzung des Marktes über die Aussichten des Unternehmens. Aus der Sicht des Managements signalisiert die Ausgabe von Anleihen den Aktionären, dass das Management Anreize hat, hart zu arbeiten, um die guten Aussichten des Unternehmens zu bewahren und zu verbessern. Außerdem sind in den USA (und auch in Europa; Anm. d. Übers.) Zinszahlungen auf Schulden eines Unternehmens steuerlich abzugsfähig, wobei dies bis vor kurzem (in den USA) für Dividenden nicht galt. Diese Fakten tragen zur Erklärung bei, warum gut etablierte Unternehmungen ihre Investitionen großteils (zusätzlich zu einbehaltenen Gewinnen) durch Kredite von Banken und die Ausgabe von Anleihen finanzieren. In den USA werden heutzutage mehr als 90 % der neuen Investitionen durch Fremdkapital finanziert.

Die Entstehung der Kapitalgesellschaft mit ihrer beschränkten Haftung, die im Jahre 1855 durch das »Gesetz über Beschränkte Haftung« (*Limited Liability Act*) des Britischen Parlaments kodifiziert wurde, wird allgemein als die bedeutendste institutionelle Innovation in der Wirtschaftsgeschichte angesehen. In der Öffentlichkeit werden Kapitalgesellschaften mit Big Business gleichgestellt. Das ist nicht gänzlich unbegründet, aber es geht an der zentralen Bedeutung vorbei. In den USA macht die Zahl der Kapitalgesellschaften weniger als 20 % der privaten Unternehmen aus, sie machen jedoch mehr als 80 % der Umsätze. Andererseits ist die Möglichkeit für die Haushalte, mittels der Institution der Kapitalgesellschaft an verschiedenen voneinander entfernten Orten zu investieren und ihre Risiken zu verteilen, ein enormer Vorteil für unsere Gesellschaft. Dies war ein bedeutender Faktor für den ökonomischen Erfolg in Beckys Welt.

7 Nachhaltige ökonomische Entwicklung

Wirtschaftswachstum ist eine gute Sache. Man kauft zwar damit kein Glück (Kap. 2), aber man erwirbt in der Regel eine bessere Lebensqualität. Abbildung 5 zeigte, dass das Wachstum des realen BIPs pro Kopf mit Verbesserungen der Lebensumstände der Menschen einhergeht. Aber können Volkswirtschaften uneingeschränkt weiter wachsen oder gibt es Grenzen des Wachstums? Um die Frage in einer aktuellen Form zu stellen: Ist Wachstum des realen BIP mit nachhaltiger ökonomischer Entwicklung vereinbar?

Entgegengesetzte Standpunkte

Diese Frage ist schon einige Jahrzehnte alt. Wenn die Diskussionen darüber weiterhin sehr scharf geführt werden, so ist dies durch zwei widersprüchliche empirische Perspektiven bedingt, die sie beeinflusst haben. Einerseits gibt es, wenn wir spezifische Beispiele natürlicher Ressourcen betrachten (Süßwasser, Meeresfischerei, die Atmosphäre als CO_2-Senke – oder Ökosysteme im allgemeinen), deutliche Beweise, dass das heutige Tempo der Nutzung nicht nachhaltig aufrechterhalten werden kann. Während des 20. Jahrhunderts wuchs die Weltbevölkerung um einen Faktor von vier auf mehr als sechs Milliarden, der industrielle Output stieg um das Vierzigfache und der Energieverbrauch um das Sechzehnfache, der Methan produzierende Rinderbestand wuchs im Gleichschritt mit der Bevölkerung, der Fischfang nahm um das Fünfunddreißigfache zu, CO_2- und Schwefeldioxidemissionen um einen

Faktor von zehn. Die Durchdringung der Erdoberfläche mit Stickstoff aus der Verwendung von Düngemitteln, fossilen Brennstoffen und aus Hülsenfruchternten ist derzeit mindestens so groß wie aus allen natürlichen Quellen zusammengenommen. Ökologen haben geschätzt, dass gegenwärtig 40 % der auf der Erde durch Photosynthese entstehenden Nettoenergie vom Menschen genutzt wird. Diese Zahlen rücken unsere Präsenz auf der Erde ins rechte Licht und offenbaren, dass die Menschheit eine noch nie da gewesene Störung der Natur in der kurzen Zeit von etwa einem Jahrhundert herbeigeführt hat.

Andererseits wurde argumentiert, dass genauso, wie frühere Generationen in Beckys Welt in Wissenschaft und Forschung, Bildung, Maschinen und Ausstattungen investiert haben, um der Generation ihrer Eltern die Möglichkeit zur Erzielung hoher Einkommensniveaus zu vererben, sie nun ihrerseits investieren werden, um zukünftig einen noch höheren Lebensstandard zu sichern. Ebenso wurde argumentiert, dass der langfristige Preistrend der auf den Märkten gehandelten natürlichen Ressourcen wie Mineralien und Erze so flach verlaufen ist, dass es keinerlei Grund zur Aufregung gibt. Wirtschaftswachstum ermöglichte mehr Menschen den Zugang zu Trinkwasser und besseren Schutz gegen Krankheiten, die durch Wasser oder die Luft übertragen werden. Die Ausstattung in den Wohnungen hat sich durch das Wirtschaftswachstum über alle Maßen verbessert: Auf dem Indischen Subkontinent ist bei Frauen Kochen nach wie vor eine der Hauptursachen für Erkrankungen der Atemwege. Außerdem können natürliche Ressourcen heutzutage ganz einfach transportiert werden, so dass schwindende Ressourcen an einem Ort durch Importe von einem anderen Ort ersetzt werden können. Intellektuelle und Kommentatoren verwenden den Begriff ›Globalisierung‹, der ausdrücken soll, dass die Örtlichkeit als solche nicht mehr von Bedeutung ist. Diese optimistische Sichtweise betont das Potential der Kapitalakkumulation und des technischen Fortschritts als Kompensation für die Verschlechterung der Umwelt. Sie besagt, dass Wirtschaftswachstum, selbst in der bisherigen Art und Weise, mit nachhaltiger Entwicklung vereinbar ist. Das würde auch erklären, warum die Gesellschaft gegenwärtig von der Idee des kulturellen Überlebens besessen ist und im großen und ganzen jeden Gedanken, dass wir Möglichkeiten des ökologischen Überlebens suchen müssen, verwerfen.

Grob gesagt vertreten Umweltwissenschaftler und Umweltaktivisten die erste Auffassung, während Volkswirte und Wirtschaftskommentatoren letztere verfechten. Es ist zweifellos banal zu behaupten, dass unsere Wirtschaft in und auf der Natur beruht, aber ich frage mich, ob Sie bemerkt haben, dass die Liste der produktiven Aktiva, die ich zuvor erstellt haben (Kap. 1), das ›natürliche Kapital‹ nicht enthielt. Die Natur spielte in unserer Darstellung der makroökonomischen Geschichte keine Rolle, da sie nicht in den öffentlichen Publikationen der zentralen Statistiken der Staaten aufscheint. Der Abbau von Mineralien und fossilen Brennstoffen ist in den modernen volkswirtschaftlichen Gesamtrechnungen enthalten (allerdings ohne Abschreibung), jedoch scheint, mit Ausnahme des landwirtschaftlich genutzten Grund und Bodens, das natürliche Kapital kaum auf. Wenn die Dienstleistungen der Natur in diesem Buch bis jetzt nur im Vorübergehen erwähnt wurden, so entspricht das ihrer Bedeutung in der wissenschaftlichen Literatur über die Theorie und Empirie des Wirtschaftswachstum und der Ökonomie der Armut.

Natürliches Kapital: Klassifikation

Natürliches Kapital kann von direktem Nutzen im Konsum sein (Fischerei), von indirektem Nutzen als Input in der Produktion (Öl und Erdgas) oder von Nutzen für beides (Luft und Wasser). Der Wert einer Ressource wird häufig von ihrer Nützlichkeit (als einer Nahrungsmittelquelle oder als eines wesentlichen Akteurs in den Ökosystemen – wie z. B. eine Schlüsselgattung) her gesehen; es gibt aber auch Ressourcen, deren Wert sich ästhetisch (Orte von landschaftlicher Schönheit) oder intrinsisch (Primaten, Blauwale, heilige Stätten) oder in einer Kombination der drei (Biodiversität) begründet. Der Wert einer natürlichen Ressource könnte davon abhängen, was aus ihr gewonnen wird (Holz) oder aus ihrem Vorhandensein (Waldbestand) oder aus beidem (Wasserschutzgebiet).

Die Ökologen und Umweltwissenschaftler Paul Ehrlich, John Holdren, Peter Raven und in jüngerer Zeit Gretchen Daily, Jane Lubchenko, Pamela Matson, Harold Mooney und andere haben uns die ökonomische Bedeutung der Ökosysteme gelehrt. Wenn man natürliches Kapital in einer umfassenden Weise versteht, so wie ich das hier mache, ermöglicht das, die Ökosysteme unserer Liste der Kapitalgüter hinzuzufügen. Die Dienstleistungen, die sie erbringen, umfassen die Aufrechterhaltung einer genetischen Datenbank, Erhaltung und Regeneration des

Bodens, Aufbereitung von Stickstoff und Kohlendioxid, Wiederverwertung von Nährstoffen, Kontrolle von Überschwemmungen, Reinigung von Schadstoffen, Aufnahme von Abfällen, Befruchtung von Pflanzen, das Funktionieren des Wasserkreislaufs und die Erhaltung der Zusammensetzung der Atmosphäre. Einige davon haben globale Bedeutung (die Atmosphäre), viele andere sind hingegen nur lokal relevant (Mikro-Wasserschutzgebiete).

Schadstoffe sind das Gegenteil von Ressourcen. Grob gesprochen sind Ressourcen ›Güter‹ (in vielen Situationen wirken sie wie Abfallbehälter, in welchen die Schadstoffe entsorgt werden), während Schadstoffe (die Zerstörer von Ressourcen) ›Ungüter‹ sind. Wenn während eines bestimmten Zeitraums der Ausstoß von Schadstoffen in die Abfallbehälter deren Aufnahmefähigkeit übersteigt, dann bricht der Abfallbehälter zusammen. Verschmutzung ist das Gegenteil von Erhaltung. Im folgenden werden wir die Begriffe ›natürliche Ressourcen‹ und ›Umwelt‹ als gleichbedeutend verwenden.

Zwei einfache Anwendungen der Umweltökonomie

Um zu zeigen, dass die Volkswirtschaftslehre in der Lage ist, sich nahtlos mit den Umweltwissenschaften zu verbinden, wird es sich als sinnvoll erweisen, mit der Diskussion von zwei Fragestellungen zu beginnen, die derzeit in der Presse sehr präsent sind. Die erste ist Gegenstand einer bitteren Debatte zwischen den Befürwortern des Freihandels und jenen, die dagegen sind, weil dieser meistens die Ärmsten in Destas Welt benachteiligt. Die zweite betrifft den Glauben, dass sich die ökonomischen Effekte der Kohlendioxidemissionen erst in ein oder zwei Generationen auswirken werden und wir daher derzeit nichts gegen den Klimawandel unternehmen müssen.

Ausweitung des Welthandels und die Umwelt

Es sollte heute wenig Zweifel daran bestehen, dass – cet. par. – Freihandel den Volkswirtschaften schnelleres Wachstum ermöglicht. Eine Vielzahl empirischer Arbeiten bezeugt dies. Es gibt auch einige Hinweise, dass die Armen als Gruppe ebenfalls die Früchte rascheren Wachstums ernten. Da jedoch die Auswirkungen des Wirtschaftswachstums auf die Umwelt selten abgeschätzt werden, bleibt die Frage nach dem Wert freien Welthandels offen. Wenn diese Umweltfolgen viele der Ärmsten einer Gesellschaft treffen, entsteht Raum für Diskussionen über das Bestreben, den Handel freizügig zu gestalten, ohne gleichzeitig Vorsichtsmaßnahmen zu ergreifen. Sehen wir uns im folgenden ein Beispiel dafür an, wie die Ausdehnung des Welthandels schaden kann.

Die Vergabe von Lizenzen zum Abholzen an private Unternehmen ist eine einfache Möglichkeit für die Regierungen armer Länder, die einen großen Waldbestand haben, Einkommen zu erzielen. Nehmen wir an, dass solche Lizenzen zum Abholzen eines Waldes in einem Wasserschutzgebiet erteilt werden. Abholzung trägt zur Ablagerung von Materialien (Sand, Schlamm) und zum Risiko von Überschwemmungen flussabwärts bei. Wenn das Recht der Geschädigten gesetzlich anerkannt ist, dann müsste das Holzunternehmen die flussabwärts lebenden

Bauern und die Küstenfischer entschädigen. Es besteht jedoch eine große Lücke zwischen dem Recht und der Durchsetzung dieses Rechts. Wenn die Ursache des Schadens kilometerweit entfernt ist, wenn die Konzession durch den Staat vergeben wurde und wenn die Opfer eine verstreute Gruppe von armen Bauern und Küstenfischern sind, dann entsteht das Problem einer auszuhandelnden Vereinbarung erst gar nicht. Es kann sogar der Fall eintreten, dass die Geschädigten die Ursachen nicht einmal kennen, die den sich verschlechternden Umweltbedingungen zugrunde liegen. Wenn die abholzende Unternehmung die Leidtragenden nicht entschädigen muss, dann sind die privaten Kosten des Holzfällens niedriger als die wahren Kosten der Abholzung, welche die Summe aus den Kosten der Unternehmung für das Holzfällen und den Kosten aller Geschädigten ist. Aus der Sicht des Staates sind die Preise der Holzexporte zu niedrig, oder anders ausgedrückt, es wird im Bereich des Wasserschutzgebietes übermäßig abgeholzt. Noch anders ausgedrückt, heißt das, dass es eine implizite Subventionierung der Exporte gibt, die von den Menschen, die aus dem Wald vertrieben werden, und jenen, die flussabwärts leben, gezahlt wird. Die Subvention wird der öffentlichen Aufmerksamkeit entzogen; sie bedeutet jedoch einen Vermögenstransfer vom exportierenden Land zu dem Land, welches das Holz importiert. Einige der ärmsten Menschen in einem armen Land subventionieren so die Einkommen der durchschnittlichen Importeure in einem reichen Land.

Leider kann ich Ihnen keine Vorstellung von der Größenordnung dieser Subventionen vermitteln, weil sie bisher nicht geschätzt wurden. Internationale Organisationen verfügen über die Mittel, solche Studien durchzuführen; aber nach meinem Wissensstand wurde das nicht gemacht. Das Beispiel sollte nicht gegen den Freihandel verwendet werden, aber es sollte alle jene warnen, die Freihandel befürworten und seine Auswirkungen auf die Umwelt vernachlässigen.

Diskontierung des Klimawandels

Mein zweites Beispiel betrifft die Emission von Treibhausgasen und den dadurch herbeigeführten Klimawandel, einen Gegenstand laufender Analysen durch den Internationalen Ausschuss für den Klimawandel (IPCC).

Die globale Konzentration von Kohlendioxid in der Atmosphäre lag während 11000 Jahren bis zum frühen 18. Jahrhundert bei etwa 260 Teilen pro Million (ppm), jetzt beträgt sie hingegen 380 ppm. (Wir lassen dabei die Konzentration von Methan, einem anderen Treibhausgas, außer acht.) Die zuverlässigsten Belege für den Klimawandel in der Dimension von geologischen Zeitaltern sind die Eiskerne der Antarktis, die uns zeigen, dass bis zum frühen 18. Jahrhundert die maximale Konzentration von Kohlendioxid während der vorangegangenen 420000 Jahre 300 ppm betrug. Während dieser langen Periode beobachten wir vier Eiszeit-Zyklen, von denen jeder eine Dauer von rund 100000 Jahren aufwies. Diese Zyklen werden durch rhythmische Änderungen in der Menge der radioaktiven Sonnenstrahlung getrieben, welche die Erde erreicht und deren Auswirkungen durch die Rückkoppelungen und Kräfte verstärkt werden, die sie ihrerseits in der terrestrischen Umwelt hervorrufen.

Wir leben in einer Zwischeneiszeit, was bedeutet, dass die Erde eine Warmphase durchlebt. Wenn die derzeitigen Trends in den Kohlendioxidemissionen sich fortsetzen, wird deren Konzentration in der Mitte dieses Jahrhundert 500 ppm erreichen (was nahezu das Doppelte des vorindustriellen Niveaus ist), sie könnte im Jahr 2100 sogar einen Wert von 750 ppm erreichen (was fast das Dreifache des vorindustriellen Niveaus ist). Eine Verdoppelung der gegenwärtigen Konzentration an Kohlendioxid wird voraussichtlich zu einer Erhöhung der mittleren globalen Lufttemperatur um drei bis sieben Grad Celsius führen. Mit einer Verdreifachung der Konzentration könnte sie um sechs bis elf Grad steigen. Selbst wenn der Anstieg auf drei Grad begrenzt bliebe, würden die entstehenden Temperaturen jegliche in den vergangenen 420 000 Jahren auf der Erde gemachten Erfahrungen übertreffen. Das Tempo dieses Wandels ist von besonderer Bedeutung, denn es würde heißen, dass ein wesentlicher Teil unserer Kapitalgüter nicht länger brauchbar sein würde, lange vor ihrer geplanten Obsoleszenz. Ein Teil unserer Infrastruktur würde einfach unter dem steigenden Meeresspiegel versinken. Um unsere Aktiva umzugestalten, würde die Menschheit zusätzliche Investitionen tätigen müssen, welche wiederum Ressourcen vom Konsum abzögen. Wenn wir dazu die Auswirkung des Klimawandels auf die Ökosysteme addieren (Veränderungen bei Krankheiten, gegen die Menschen nicht immun sind; Verschlechterung der Zusammensetzung, geographischen Verteilung und Produktivität der Ökosysteme), sehen wir uns riesigen Kosten gegenüber. Als im Jahre 2004 acht bedeutende Ökonomen nach Kopenhagen eingeladen wurden, um ihren Rat zur sinnvollsten Verwendung von 50 Milliarden Dollar während eines Zeitraums von fünf Jahren zu erteilen, reihten sie den Klimawandel ans Ende ihre Liste von zehn Möglichkeiten.

Warum haben die Ökonomen das getan? Weil ihre Argumentation auf der Diskontierung zukünftiger Kosten und zukünftigen Nutzens mit einer positiven Diskontrate aufbaute. Verringerung der globalen Kohlendioxidemissionen oder Investitionen in Technologien zur Kohlenstoffbindung würden riesige Kosten heute bedeuten, der Nutzen durch Vermeidung ökonomischer Brüche würde aber erst in fünfzig bis hundert Jahren eintreten. Langfristige Zinsen auf Staatsschulden lagen in den USA zwischen 3 und 5 % jährlich. Wenn dort Ökonomen öffentliche Vorhaben evaluieren, verwenden sie üblicherweise so einen Wert, um zukünftige Kosten und Nutzen zu diskontieren, weil sie das als die ›Opportunitätskosten des Kapitals‹ ansehen, womit jener Zinssatz gemeint ist, den man erzielen könnte, wenn man in Staatschuldverschreibungen investierte anstatt in jenes Vorhaben, dessen Kosten und Nutzen man evaluiert. Zu Diskontsätzen von 3 bis 5 % erscheint der heutige Nutzen eines Konsums in ferner Zukunft winzig. Wenn man mit 4 % diskontiert, dann ist ein Euro zusätzlichen Konsums in hundert Jahren heute weniger als drei Cent wert; anders ausgedrückt bedeutet das, dass man als Preis für den Verzicht auf einen Euro heutigen Konsums mehr als dreißig Euro zusätzlichen Konsum in hundert Jahren verlangen würde. Eine ganze Reihe von ökonomischen Modellen zeigte, dass bei Verwendung eines Diskontsatzes von 4 % die Kosten (welche negativen Nutzen darstellen) größer sind als die Summe des diskontierten Nutzens aus der Einschränkung der Netto-Kohlendioxidemissionen. Würde man heute etwas gegen den Klimawandel tun, so würde das, nach diesen Berechnungen, eine Verschwendung von Geld für ein schlechtes Projekt sein.

Sollte die Weltgesellschaft den zukünftigen Nutzen des Konsums zu einem positiven Zinssatz diskontieren? Mit den kollektiven Haushalten verhält es sich ähnlich wie mit Haushalten im privaten Bereich (Kap. 6): Es gibt zwei Gründe, warum es für die Weltgesellschaft sinnvoll ist, die Zukunft mit einem positiven Zinssatz zu diskontieren. Erstens ist der zukünftige Nutzen dann weniger wert als derselbe Nutzen heute, wenn die Weltgesellschaft ungeduldig ist und auf den Nutzen nicht warten möchte. Ungeduld ist ein Grund zur Abzinsung zukünftiger Kosten und Nutzen mit einem positiven Diskontsatz. Zweitens verlangt die Berücksichtigung von Gerechtigkeit und Gleichheit, dass der Pro-Kopf-Konsum über die Generationen geglättet wird. Wenn zukünftige Generationen vermutlich reicher sein werden als wir, so lässt sich damit begründen, dass, cet. par., ein zusätzlicher Euro ihres Konsums weniger wert ist als ein zusätzlicher Euro unseres Konsums heute. Steigender Pro-Kopf-Konsum liefert eine zweite Begründung für die Diskontierung zukünftiger Kosten und Nutzen zu einem positiven Zinssatz.

Philosophen haben argumentiert, dass gesellschaftliche Ungeduld ethisch unhaltbar ist, weil sie Politiken begünstigt, die zukünftige Generationen diskriminieren, einfach aus dem Grunde, weil diese heute noch nicht präsent sind. Sobald wir ihr Argument akzeptieren, bleibt uns nur der zweite Grund für eine Diskontierung zukünftiger Kosten und Nutzen. Wenn aber steigender Pro-Kopf-Konsum die

Begründung für eine Diskontierung des Nutzens zukünftigen Konsums bietet, so würde sinkender Pro-Kopf-Konsum sich als Begründung für eine Diskontierung des Nutzens zukünftigen Konsums zu einem *negativen* Zinssatz anbieten. Wir haben diese Möglichkeit bereits für private Haushalte im Zusammenhang mit dem Dilemma von Destas Eltern angedeutet, wie sie den Konsum von Mais zwischen den Ernten aufteilen sollten (Kap. 6).

Ökonomen verwenden in ihren Modellen des Klimawandels positive Diskontsätze, weil die Modelle annehmen, dass der globale Pro-Kopf-Konsum über die nächsten hundertfünfzig Jahre hinaus wachsen wird, selbst wenn die Nettoemissionen der Treibhausgase dem derzeitigen Trend weiter folgen werden; das bedeutet anzunehmen, dass der Klimawandel keine ernsthafte Bedrohung der Zukunft darstellt. Ein Ansteigen der mittleren Welttemperatur um drei bis fünf Grad Celsius würde jedoch die Biosphäre in eine Klimazone bringen, welche die Erde seit Millionen von Jahren nicht heimgesucht hat. Die möglichen Konsequenzen solcher Veränderungen für die Grundlagen unserer Produktion sind so gewaltig, dass man kein Schwarzmaler sein muss, um Prognosen fortgesetzten Wirtschaftswachstums in Frage zu stellen, nachdem die Erde in diese Klimaphase eingetreten ist. Nehmen wir an, Sie befürchten, dass es wegen der derzeitigen Inaktivität, Möglichkeiten zur Kohlenstoffbindung zu entdecken und Alternativen zu fossilen Brennstoffen als Energiequellen zu entwickeln, eine ziemlich große Wahrscheinlichkeit dafür gibt, dass das globale Pro-Kopf-Einkommen, entsprechend gewichtet über Regionen und Einkommensgruppen, sinken wird – z. B. wegen eines

starken Anstiegs in der Häufigkeit extremen Wetterge-
schehens, besonders schwerer Dürren in den Tropen, des
Entstehens neuer Krankheitserreger und der Verschlechterung lebenswichtiger Ökosysteme. Dann sollten Sie einen
negativen Zinssatz zur Diskontierung des Nutzens zukünftigen Konsums verwenden. Beachten Sie jedoch, dass
die Verwendung eines negativen Zinssatzes den Nutzen in
der entfernten Zukunft nicht verringert, sondern ihn *ver-
größert*.

Stellen wir eine grobe Rechnung an, um ein Gefühl für
die Größenordnungen zu entwickeln. Empirische Evidenz
aufgrund gesellschaftlicher und persönlicher Entscheidungen zeigt, dass der Zinssatz, den eine Gesellschaft zur Diskontierung des Nutzens zukünftigen Konsums verwenden sollte, ungefähr dreimal so groß ist wie die prozentu-
elle Änderung des Pro-Kopf-Konsums. Nehmen wir an,
die Kohlendioxidemissionen folgen ihrem derzeitigen
Trend (was bedeutet, dass wir einfach so wie bisher weitermachen). Betrachten wir weiter ein Szenario, bei dem
der globale Pro-Kopf-Konsum in den nächsten fünfzig Jahren mit einer jährlichen Rate von 0,5 % wächst und in den
darauffolgenden hundert Jahren mit einer jährlichen Rate
von 1 % schrumpft. Bei diesem Szenario sollte die Weltgemeinschaft den Nutzen des Konsums für die nächsten
fünfzig Jahre zu 1,5 % diskontieren (dreimal 0,5) und zu
minus 3 % während der folgenden hundert Jahre (dreimal
minus 1). Eine einfache Rechnung ergibt dann, dass der
Wert eines zusätzlichen Konsums von einem Euro in hundertfünfzig Jahren etwa neun Euro zusätzlichen Konsums
heute wert ist. Anders ausgedrückt, die Weltgemeinschaft
sollte bereit sein, heute auf einen zusätzlichen Konsum im

Wert von neun Euro zu verzichten für den Nutzen eines zusätzlichen Konsums im Wert von einem Euro in hundertfünfzig Jahren. Diese Berechnung kehrt die von den ökonomischen Modellen vermittelte Botschaft in ihr Gegenteil um.

Es sollten kaum Zweifel daran bestehen, dass private Investoren trotz des soeben dargestellten Szenarios einen positiven Zinssatz zur Diskontierung ihrer persönlichen Einkommen verwenden würden. Und zwar deswegen, weil die von den Banken gebotenen Zinssätze auf Einlagen nach wie vor positiv bleiben würden. Das ist jedoch kein Widerspruch. Wenn wir so wie bisher weitermachen, bleibt die Atmosphäre eine frei verfügbare Ressource. Solange die Menschheit Kohlendioxid ohne Kosten in die Atmosphäre abgeben darf, wird es eine Differenz zwischen privaten Ertragsraten auf Investitionen und jenen Zinssätzen geben, welche die Weltgemeinschaft zur Diskontierung gemeinschaftlicher Kosten und Nutzen verwenden sollte. Erstere könnte positiv sein, selbst wenn letztere negativ sind. Diese Differenz ist ein Grund für die Kontrolle der Kohlendioxidemissionen, um dadurch die beiden Zinssätze einander anzunähern; sie liefert keine Begründung, um das Problem des globalen Klimawandels auf die lange Bank zu schieben.

BIP und die Produktionsgrundlage

Soeben haben wir lediglich ein paar Fingerübungen gemacht. Diese haben uns aber gezeigt, wie natürliches Kapital in das mikroökonomische Denken eingebracht werden kann. Sehen wir uns an, ob es auch in das makroökonomische Denken einfließen kann.

Ein berühmter Forschungsbericht einer internationalen Kommission (allgemein bekannt als Brundlandt-Kommissionbericht) aus dem Jahre 1987 definierte ›nachhaltige Entwicklung‹ als »... Entwicklung, welche die Bedürfnisse der Gegenwart deckt, ohne die Fähigkeit zukünftiger Generationen zu beeinträchtigen, ihre eigenen Bedürfnisse zu decken«. Nach dieser Auffassung erfordert nachhaltige Entwicklung, dass relativ zu ihrer jeweiligen Bevölkerung jede Generation der ihr nachfolgenden eine zumindest so große Produktionsgrundlage hinterlässt, wie sie selbst ererbt hat. Man beachte, dass dieses Erfordernis von einer relativ schwachen Vorstellung über Gerechtigkeit zwischen den Generationen abgeleitet wurde. Nachhaltige Entwicklung erfordert, dass zukünftige Generationen nicht weniger Mittel zur Deckung ihrer Bedürfnisse haben als wir selbst; sie verlangt nicht mehr. Wie soll jedoch eine Generation beurteilen, ob sie für ihre Nachfolgerin eine ausreichende Produktionsgrundlage hinterlässt?

Man kann leicht erkennen, warum eine Konzentration auf das BIP nicht ausreicht. Die Produktionsgrundlage einer Volkswirtschaft ist ihr Bestand an Kapitalgütern und Institutionen (Kap. 1). Unter Kapitalgütern verstehen wir jetzt nicht nur produziertes Kapital, Humankapital und Wissen – worauf wir uns in Kapitel 1 beschränkten –, sondern auch natürliches Kapital. Wir werden sofort erkennen, worauf wir achten müssen, um festzustellen, ob die Produktionsgrundlage einer Volkswirtschaft expandiert oder schrumpft. So ist es offensichtlich, dass die Produktionsgrundlage einer Volkswirtschaft schrumpft, wenn sich ihr Bestand an Kapitalgütern verringert und ihre Institutionen nicht in der Lage sind, sich hinreichend zu verbessern, um diese Verringerung zu kompensieren. BIP ist die Abkürzung für Bruttoinlandsprodukt. Das Wort ›Brutto‹ bedeutet, dass BIP die Wertminderung der Kapitalgüter außer acht lässt. Es ist durchaus möglich, dass die Produktionsgrundlage eines Landes wächst und gleichzeitig das BIP steigt (wir finden das durch eine Analyse von Abbildung 14 bestätigt), was zweifellos der Pfad einer Wirtschaftsentwicklung ist, dem wir alle folgen möchten; es ist aber ebenso möglich, dass die Produktionsgrundlage eines Landes in einer Periode des BIP-Wachstums schrumpft (was wir ebenfalls durch eine Analyse von Abbildung 14 bestätigt finden). Das Problem besteht darin, dass niemand diese Schrumpfung bemerken würde, wenn alle Augen auf das BIP ausgerichtet wären. Wenn die Produktionsgrundlage immer weiter schrumpft, dann wird das Wirtschaftswachstum früher oder später zum Stoppen kommen und sein Vorzeichen würde sich umkehren. Der Lebensstandard würde fallen, niemand hätte jedoch vermutet, dass dieser Rückgang unmittelbar bevorstand. Daher könnte uns das Wachstum des Pro-Kopf-BIPs in dem Glauben belassen, dass alles bestens sei, obwohl dem nicht so ist. Ebenso ist es möglich, dass der Index der menschlichen Entwicklung (HDI; Kap. 1) selbst bei fallender Produktionsgrundlage steigt (Abb. 14). Das bedeutet, dass auch der HDI irreführend sein kann.

Man könnte dem entgegenhalten, dass eine Fixierung auf das BIP oder den HDI niemand davon abhalten sollte, sich die Preise anzusehen. Man könnte ja argumentieren, dass bei tatsächlicher Verknappung der natürlichen Ressourcen deren Preise gestiegen wären, und das hätte signalisiert, dass doch nicht alles zum Besten bestellt ist. Damit Preise jedoch Knappheiten anzeigen, müssen die Märkte funktionieren (Kap. 4). Nicht nur funktionieren für viele natürliche Ressourcen die Märkte nicht besonders gut, sondern für viele bestehen sie erst gar nicht (wir bezeichneten das weiter oben als ›versagende Märkte‹). In einigen Fällen bestehen sie deswegen nicht, weil die relevanten ökonomischen Interaktionen über große Entfernungen stattfinden, wodurch die Verhandlungskosten zu hoch sind (z. B. die Wirkungen der Abholzung des Waldes am Oberlauf des Flusses auf die Landwirtschaft und den Fischfang flussabwärts); in anderen Fällen bestehen sie nicht, weil die Interaktionen durch große zeitliche Abstände getrennt sind (z. B. die Auswirkungen der Kohlendioxidemission auf das Klima in der fernen Zukunft in einer Welt, in der es keine Terminmärkte gibt, weil die zukünftigen Generationen gegenwärtig noch nicht existieren und so nicht mit uns verhandeln können). Dann gibt es Fälle (die Atmosphäre, die Grundwasserströme, das offene Meer), wo die Ressourcen wegen ihrer mangelnden Ortsgebundenheit keine Märkte zulassen – es sind frei verfügbare Ressourcen (Kap. 2). In wieder anderen Fällen verhindern schlecht definierte oder ungeschützte Eigentumsrechte die Entstehung von Märkten (Mangrovenwälder und Korallenriffe), oder selbst wenn sich Märkte gebildet haben, funktionieren sie schlecht (diejenigen, die durch das Abholzen entwurzelt wurden, werden nicht entschädigt). Weiter oben nannten wir diese Nebeneffekte menschlicher Handlungen, die ohne wechselseitige Zustimmung geschehen, ›Externalitäten‹. Unsere Auseinandersetzungen mit der Natur sind geprägt von Externalitäten. Die Beispiele zeigen auf, dass die Externalitäten im Zusammenhang mit der Umwelt meist negativ sind, was bedeutet, dass die privaten Kosten der Nutzung von natürlichen Ressourcen geringer sind als ihre sozialen Kosten. Durch den zu niedrigen Preis kommt es zu einer übermäßigen Ausbeutung der Umwelt. In dieser Situation könnte sich die Wirtschaft eines Wachstums des realen BIPs und der Verbesserungen des HDIs während eines langen Zeitraums erfreuen, sogar während seine Produktionsgrundlage schrumpft. Da Vorschläge zur Schätzung der sozialen Knappheitspreise natürlicher Ressourcen umstritten bleiben, werden sie von ökonomischen Buchhaltern ignoriert, und die Regierungen hüten sich davor, ihre Verwendung zu besteuern.

Die Umwelt – ein Luxusgut oder ein notwendiges Gut?

Es ist nicht ungewöhnlich, die Umwelt als Luxusgut zu betrachten, wie in dem in einer bekannten Zeitung zum Ausdruck gebrachten Gedanken, dass »Wirtschaftswachstum gut ist für die Umwelt, da die Staaten ihre Armut überwinden müssen, um sich über die Umwelt Gedanken zu machen«. In Destas Welt ist aber die Umwelt ein entscheidender Produktionsfaktor. Wenn Feuchtgebiete, Binnen- und Küstenfischerei, Waldgebiete, Teiche und Weideland zerstört werden (durch die Eingriffe der Landwirtschaft, die Stickstoffbelastung, die Ausbreitung der Städte, die Errichtung großer Dämme, Landnahme durch den Staat oder was auch immer), dann leidet die arme Landbevölkerung am meisten darunter. Häufig gibt es für sie keine alternative Lebensgrundlage. Im Gegensatz dazu gibt es für die reichen Ökotouristen oder die Importeure der Primärgüter anderes, häufig auch an anderen Orten; was bedeutet, es gibt für sie Alternativen. Verschlechterung der Ökosysteme entspricht der Abschreibung von Straßen, Gebäuden und Maschinen – allerdings mit zwei großen Unterschieden: 1. die Verschlechterung kann meist nicht rückgängig gemacht werden (oder es braucht im günstigsten Fall eine lange Zeit für die Erholung) und 2. Ökosysteme können plötzlich zusammenbrechen, ohne ausreichende Vorwarnung. Überlegen wir uns, wie es den Einwohnern einer Stadt ergehen würde, wenn die Infrastruktur, die sie mit der Außenwelt verbindet, ohne Vorwarnung zusammenbrechen würde. Ausgetrocknete Wasserlöcher, sich verschlechternde Weideflächen, nackte Hänge und schwindende Mangrovenwälder sind solche räumlich begrenzten Zusammenbrüche für die arme Landbevölkerung in Destas Welt. Die Analyse in Kapitel 2 kann nun zur Erklärung herangezogen werden, wie ein plötzlicher ökologischer Zusammenbruch – wie jene, die wir am Horn von Afrika oder in der Region Darfur im Sudan beobachteten – raschen sozioökonomischen Abstieg auslösen kann.

Wirtschaftsentwicklung ist nachhaltig, wenn die Produktionsgrundlage einer Gesellschaft, relativ zu ihrer Bevölkerung, nicht schrumpft. Wie können wir feststellen, dass eine Wirtschaftsentwicklung nachhaltig war? Wir haben erkannt, dass weder das BIP noch der HDI Information darüber liefern. Welcher Index hätte eine entsprechende Aussagekraft? Die Produktionsgrundlage einer Gesellschaft sind ihre Institutionen und ihre Kapitalgüter. Da wir die Veränderung der Produktionsgrundlage einer Volkswirtschaft im Laufe der Zeit schätzen wollen, müssen wir wissen, wie wir die Veränderungen ihrer Kapitalgüter und ihrer Institutionen kombinieren können. Vernachlässigen wir vorläufig die Institutionen und konzentrieren wir uns auf die Kapitalgüter.

Intuitiv ist klar, dass wir mehr machen müssen, als einfach die Kapitalgüter zu erfassen (so viele zusätzliche Einheiten Maschinen und Geschäftsausstattung; so viele neue Kilometer Straßen; so viel weniger Quadratkilometer Waldland usw.). Die Produktionsgrundlage einer Volkswirtschaft schrumpft, wenn der Abbau von Kapitalgütern nicht durch die Bildung anderer Kapitalgüter kompensiert wird. Umgekehrt steigt die Produktionsbasis, wenn der Abbau von Kapitalgütern durch die Bildung anderer Kapitalgüter (mehr als) kompensiert wird. Die Fähigkeit eines Kapitalguts, den Abbau irgendeines anderen Kapitalguts zu kompensieren, hängt vom Stand des technologischen Wissens ab (so kann z. B. Mehrfachverglasung eine Zentralheizung bis zu einem bestimmten Ausmaß ersetzen, aber nur bis zu einem bestimmten Ausmaß) und von der vorhandenen Menge an Kapitalgütern (so hängt der Schutz, den Bäume gegen Bodenerosion bieten, von der Grasdecke ab). Es ist jedoch offensichtlich, dass Kapitalgüter sich in ihren Fähigkeiten der wechselseitigen Kompensierbarkeit unterscheiden. Diese Fähigkeiten sind Werte, die wir den Kapitalgütern zurechnen möchten. Wir brauchen somit Schätzwerte für diese Fähigkeiten. Jetzt gewinnt die gesellschaftliche Produktivität eines Kapitalguts an Bedeutung. Unter der gesellschaftlichen Produktivität eines Kapitalguts verstehen wir den Netto-Zuwachs an gesellschaftlicher Wohlfahrt, den die Volkswirtschaft – cet. par. – hätte, wenn ihr eine zusätzliche Einheit des Kapitalguts zur Verfügung stünde. Oder anders ausgedrückt, die gesellschaftliche Produktivität eines Kapitalguts ist der kapitalisierte Wert des Dienstleistungsstroms, den eine zusätzliche Einheit des Kapitalguts der Gesellschaft erbringen würde. Der Wert eines Kapitalguts ist einfach seine Menge multipliziert mit der gesellschaftlichen Produktivität.

Da wir versuchen, das Konzept der *nachhaltigen* Entwicklung praktisch handhabbar zu machen, müssen wir mit dem Begriff ›gesellschaftliche Wohlfahrt‹ nicht nur die Wohlfahrt der Personen erfassen, die es derzeit gibt, sondern auch die Wohlfahrt all jener, die erst in der Zukunft leben werden. Es gibt ethische Theorien, die über eine nur auf den Menschen bezogene Sichtweise der Natur hinausgehen, indem sie behaupten, dass bestimmte Aspekte der Natur einen eigenen inneren Wert haben. Das Konzept der gesellschaftlichen Wohlfahrt, auf das ich mich hier beziehe, schließt, wenn erforderlich, diesen inneren Wert ein. Eine ethische Theorie allein würde jedoch nicht ausreichen, um die gesellschaftliche Produktivität von Kapitalgütern zu bestimmen, weil nichts vorhanden wäre, wonach sich die Theorie richten könnte. Wir brauchen auch eine Beschreibung über den Stand der Dinge. Eine Einheit eines Kapitalguts einer Wirtschaft hinzuzufügen, bedeutet einen Eingriff in diese Volkswirtschaft. Um die Auswirkung dieser zusätzlichen Einheit auf die gesellschaftliche Wohlfahrt abzuschätzen, brauchen wir eine Beschreibung über den Stand der Dinge vor und nach dem Hinzufügen. Kurz gesagt, eine Messung der gesellschaftlichen Produktivität von Kapitalgütern erfordert sowohl Bewertung als auch Beschreibung.

Nehmen Sie nun an, dass Sie eine Vorstellung über die gesellschaftliche Wohlfahrt entwickelt haben (durch Addition der Wohlfahrt aller Personen) und dass Sie ein bestimmtes ökonomisches Szenario im Sinn haben (»so Weitermachen wie bisher«). Grundsätzlich können Sie dann die gesellschaftliche Produktivität jedes Kapitalguts schätzen. Man kann das durch Abschätzung des Beitrags zur gesellschaftlichen Wohlfahrt (das ist der bewertende Teil der Übung), die eine zusätzliche Einheit eines jeden Kapitalguts leisten würde, cet. par. (das ist der beschreibende Teil der Übung). Ökonomen bezeichnen die gesellschaftlichen Produktivitäten der Kapitalgüter als ihre ›Schattenpreise‹, um sie von jenen Preisen zu unterscheiden, die man auf den Märkten beobachtet. Obwohl es Schattenpreise für Güter im allgemeinen gibt, werden wir uns auf Kapitalgüter konzentrieren.

Schattenpreise reflektieren die gesellschaftlichen Knappheiten der Kapitalgüter. In unserer Welt stellt die Schätzung der Schattenpreise eine Herausforderung dar. Es gibt für uns wichtige ethische Werte, die nur schwer mit anderen uns wichtigen Werten aufrechenbar sind. Das bedeutet jedoch nicht, dass ethische Werte Schattenpreisen keine Grenzen auferlegen; sie tun das sehr wohl. Deswegen ist die Darstellung in Schattenpreisen wichtig, wenn wir vermeiden wollen, unklare Äußerungen über nachhaltige Entwicklung zu machen, die inhaltsleer bleiben. Die meisten derzeit angewendeten Verfahren zur Messung der Schattenpreise von Leistungen der Ökosysteme sind noch nicht ausgereift, aber es ist besser, sie zu verwenden, als sie überhaupt nicht zu bewerten.

Der Wert des Bestands an Kapitalgütern einer Volkswirtschaft, gemessen zu ihren Schattenpreisen, ist sein ›umfassendes Vermögen‹. Der Begriff ›umfassend‹ soll uns daran erinnern, dass nicht nur das natürliche Kapital in der Liste der Kapitalgüter enthalten ist, sondern dass bei seiner Bewertung Externalitäten ebenso berücksichtigt wurden. Umfassendes Vermögen ist die Summe der Werte aller Kapitalgüter. Es ist eine Zahl – ausgedrückt z. B. in Dollars.

Wir können zusammenfassend sagen, dass das umfassende Vermögen einer Volkswirtschaft plus den Institutionen seine Produktionsgrundlage darstellt. Wenn wir nun feststellen wollen, ob die Wirtschaftsentwicklung eines Landes über einen bestimmten Zeitraum nachhaltig war, müssen wir die Veränderungen schätzen, die sich während dieser Zeit in seinem umfassenden Vermögen und seinen Institutionen ergeben haben – natürlich relativ zur Bevölkerung. In Kapitel 1 stellten wir fest, dass Veränderungen im Wissen und in den Institutionen sich in Veränderungen in der totalen Faktorproduktivität niederschlagen. Wir unterteilen daher das Verfahren zur Schätzung der Produktionsgrundlage einer Volkswirtschaft relativ zur Bevölkerung während einer Zeitperiode in fünf Schritte.

Schätze, erstens, den Wert der Änderungen in den Beträgen und der Zusammensetzung des produzierten Kapitals, des Humankapitals und des natürlichen Kapitals – wir werden das als ›umfassende Investition‹ bezeichnen. (Wenn sich die umfassende Investition als positiv herausstellt, dann können wir daraus schließen, dass produziertes Kapital, Humankapital und natürliches Kapital zusammengenommen während dieses Zeitraums gewachsen sind.) Schätze, zweitens, die Veränderung der totalen Faktorproduktivität. Transformiere, drittens, die beiden Zahlen in einer geeigneten Form, die es ermöglicht, die Auswirkungen dieser beiden Änderungen auf die Produktionsgrundlage zu berechnen. Fasse, viertens, die beiden sich ergebenden Schätzungen in eine einzige Zahl zusammen, die als jene Änderung interpretiert werden kann, die sich in der Produktionsgrundlage der Volkswirtschaft ergeben hat. Korrigiere, fünftens, diese Zahl um die demographischen Veränderungen, um zu einer Schätzung der Änderung der Produktionsgrundlage der Volkswirtschaft relativ zur Bevölkerung zu gelangen.

Ich habe diese fünf Schritte so formuliert, dass sie sich auf Analysen der Vergangenheit beziehen. Mit gleicher Gültigkeit können die fünf Schritte selbstverständlich auch auf Prognosen der Zukunft angewandt werden. Die hier skizzierte Vorgangsweise ist für jeden unentbehrlich, der herausfinden möchte, ob die derzeit begangenen Wege voraussichtlich zu einer nachhaltigen Entwicklung führen.

*War die ökonomische Entwicklung
in den jüngsten Dekaden nachhaltig?*

Ökonomen der Weltbank haben vor kurzem umfassende Investitionen in den letzten paar Jahrzehnten für verschiedene Länder geschätzt. Dazu addierten sie die Nettoinvestitionen in Humankapital zu den vorhandenen Schätzungen von Investitionen in produziertes Kapital, wovon sie dann De-Investitionen des natürlichen Kapitals subtrahierten. (Das entspricht dem ersten Schritt oben.) Die Ökonomen zogen offizielle Schätzungen der gesamten Nettoersparnisse als Indikator für Nettoinvestitionen in produziertes Kapital heran. Als Indikator zur Schätzung der Investitionen in Humankapital verwendeten sie die Bildungsausgaben. Zur Quantifizierung der De-Investitionen des natürlichen Kapitals zogen sie die Nettoveränderungen des Bestands an bewirtschafteten Wäldern, Erdölvorräten und Mineralien heran sowie die Qualität der Atmosphäre, gemessen an ihrem Kohlendioxidgehalt. Erdölvorräte und Mineralien wurden zu ihren Marktpreisen abzüglich der Kosten der Gewinnung bewertet. Der Schattenpreis der globalen Emission von Kohlendioxid in die Atmosphäre ist der durch den Klimawandel verursachte Schaden. Dieser Schaden wurde mit 20 $ pro Tonne angesetzt, was mit hoher Wahrscheinlichkeit eine bedeutende Unterschätzung ist. Wälder wurden zu ihren Marktpreisen abzüglich der Kosten der Abholzung bewertet. Die Beiträge des Waldbestands zum Funktionieren der Ökosysteme wurden vernachlässigt.

Die Liste der natürlichen Ressourcen der Weltbank ist unvollständig. Sie enthält nicht die Wasserressourcen,

Fischbestände, Luft- und Wasserverschmutzung, den Boden und die Ökosysteme. Ihr Begriff von Humankapital ist unzureichend, da Gesundheit nicht in die Berechnungen einfließt. Und ihre Schätzungen der Schattenpreise sind sehr ungenau. Dennoch, man muss irgendwo anfangen, und sie versuchten eine erste Annäherung in einem äußerst komplexen Bereich. Was ich jetzt machen möchte, ist einige Zahlen zu analysieren, die vor kurzem von einer Gruppe von Ökologen und Ökonomen veröffentlicht wurden, welche die Schätzungen der umfassenden Investitionen der Weltbank bearbeiteten, um herauszufinden, ob in den jüngsten Jahrzehnten die ökonomische Entwicklung in einigen wichtigen Ländern und Regionen in Destas und Beckys Welten nachhaltig war. Es ist noch immer nur ein grober Anfang zur Analyse nachhaltiger Entwicklung, aber es ist ein Anfang.

Die untersuchten Regionen sind Afrika südlich der Sahara, Bangladesh, Indien, Nepal und Pakistan (lauter arme Länder); China (ein Land mit mittlerem Einkommen); Großbritannien und die USA (beides reiche Länder). Der Untersuchungszeitraum ist 1970–2000. Die erste Zahlenspalte in Abbildung 14 besteht aus Verbesserungen der Schätzungen der Weltbank der umfassenden Investitionen als Prozentanteil am BIP (der erste Schritt). Die zweite Spalte gibt die durchschnittlichen jährlichen Wachstumsraten der Bevölkerung an. Die dritte Spalte enthält Schätzungen der jährlichen Wachstumsraten der totalen Faktorproduktivität, die wir hier als die jährlichen prozentuellen Veränderungsraten eines kombinierten Index von Wissen und Institutionen interpretieren (das ist der zweite Schritt). Ich habe die Zahlen der ersten drei Spalten ver-

Land/Region	I/Y* (Prozentsatz)	Jährliche Wachstumsrate 1970–2000 (in Prozent)				ΔHDI
		Bevölkerung (pro Kopf)	TFP	Produktionsgrundlage (pro Kopf)	BIP (pro Kopf)	
Afrika südlich der Sahara	– 2,1	2,7	0,1	– 2,9	– 0,1	+
Bangladesh	7,1	2,2	0,7	0,1	1,9	+
Indien	9,5	2,0	0,6	0,4	3,0	+
Nepal	13,3	2,2	0,5	0,6	1,9	+
Pakistan	8,8	2,7	0,4	– 0,7	2,2	+
China	22,7	1,4	3,6	7,8	7,8	+
Großbritannien	7,4	0,2	0,7	2,4	2,2	+
USA	8,9	1,1	0,2	1,0	1,1	+

* umfassende Investitionen als Anteil am BIP (Durchschnitt 1970–2000)

Nach: K. J. Arrow, P. Dasgupta, L. Goulder, G. Daily, P. R. Ehrlich, G. M. Heal, K.-G. Maler, S. Schneider, D. A. Starrett, B. Walker, »Are We Consuming Too Much?«, *Journal of Economic Perspectives* 18,3 (2004) S. 147–172.

Abb. 14: Wirtschaftlicher Fortschritt einiger Länder

wendet, um zu Schätzungen der jährlichen prozentuellen Veränderungsraten der Produktionsgrundlage pro Kopf zu kommen (das ist eine Kombination aus der dritten bis fünften Spalte). Sie werden in der vierten Spalte wiedergegeben.

Bevor wir die Ergebnisse zusammenfassen, ist es zweckmäßig, ein Gefühl dafür zu entwickeln, was die Zahlen der Tabelle aussagen. Nehmen wir Pakistan. Während der Periode 1970–2000 betrugen die umfassenden Investitionen als Anteil am BIP 8,8 % pro Jahr. Die totale Faktorproduktivität stieg mit einer jährlichen Rate von 0,4 %. Da beide Zahlen positiv sind, können wir schließen, dass Pakistans Produktionsgrundlage im Jahr 2000 größer war als im Jahr 1970. Sehen wir uns jedoch Pakistans Bevölkerung an, die mit der hohen Rate von 2,7 % jährlich wuchs. Die vierte Spalte zeigt, dass als Folge davon Pakistans Produktionsgrundlage pro Kopf mit einer jährlichen Rate von 0,7 % sank, was bedeutet, dass sie im Jahr 2000 ungefähr 80 % des Jahres 1970 war.

Sehen wir uns im Gegensatz dazu die USA an. Umfassende Investitionen betrugen als Anteil am BIP 8,9 % pro Jahr, was nur ganz wenig mehr ist als die Zahl für Pakistan. Das Wachstum der totalen Faktorproduktivität (jährliche 0,2 %) war sogar niedriger als in Pakistan. Die Bevölkerung wuchs jedoch nur um 1,1 % jährlich, was bedeutet, dass die Produktionsgrundlage pro Kopf in den USA mit einer durchschnittlichen jährlichen Rate von 1 % wuchs. Die Wirtschaftsentwicklung in den USA war während des Zeitraums 1970–2000 nachhaltig, in Pakistan hingegen war sie nicht nachhaltig.

Interessanterweise hätte sich bei einer Beurteilung der

ökonomischen Leistung anhand des Wachstums des Pro-Kopf-BIPs ein ganz anderes Bild ergeben. Wie die fünfte Spalte von Abbildung 14 zeigt, wuchs die Wirtschaft in Pakistan mit einer soliden jährlichen Rate von 2,2 %. Ein Blick auf die sechste Spalte zeigt, dass sich der Index des menschlichen Entwicklungsstandes der Vereinten Nationen (HDI) für Pakistan während dieser Periode verbesserte. Bewegungen im HDI sagen nichts über nachhaltige Entwicklung aus.

Die auffälligste Aussage der Tabelle ist jedoch, dass zwischen 1970 und 2000 die Wirtschaftsentwicklung in *allen* armen Ländern in unserer Liste entweder nicht nachhaltig oder knapp nachhaltig war. Sicherlich ist das für Afrika südlich der Sahara nicht überraschend. Seine umfassenden Investitionen waren negativ, was bedeutet, dass die Region produziertes, natürliches und Humankapital zusammengenommen im Ausmaß von 2,1 % des BIP de-investierte. Die Bevölkerung wuchs mit einer Rate von 2,7 % pro Jahr, und die totale Faktorproduktivität machte kaum Fortschritte (jährliche Wachstumsrate: 0,1 %). Selbst ohne jegliche Berechnung würden wir vermuten, dass in Afrika südlich der Sahara die Produktionsgrundlage pro Kopf gesunken ist. Die Tabelle bestätigt dies, und zwar um 2,9 % jährlich. Wenn man sich nun die fünfte Zahlenspalte ansieht, entdeckt man, dass das Pro-Kopf-BIP in Afrika südlich der Sahara ziemlich unverändert blieb. Der HDI der Region zeigte aber eine Verbesserung – wodurch sich wieder einmal bestätigt, dass Bewegungen im HDI keine Möglichkeit bieten, etwas über nachhaltige Entwicklung auszusagen.

Pakistan hat den schlechtesten Leistungsausweis auf

dem Indischen Subkontinent, aber auch die verbleibenden Länder dieser Region schaffen es nur knapp, wenn man sie anhand der nachhaltigen Wirtschaftsentwicklung beurteilt. Umfassende Investitionen sind in jedem Land (Bangladesh, Indien und Nepal) positiv ebenso wie das Wachstum in totaler Faktorproduktivität. Beides zusammen bedeutet, dass die Produktionsgrundlage in jedem Land expandierte. Aber das Bevölkerungswachstum war so hoch, dass die Produktionsgrundlage pro Kopf gerade noch wuchs – zu jährlichen Prozentsätzen von 0,1 bzw. 0,4 und 0,6. Und sogar diese Zahlen sind wahrscheinlich Überschätzungen. Die Liste, die die Ökonomen der Weltbank zur Schätzung der umfassenden Investitionen heranzogen, enthielt weder Bodenerosion noch städtische Verschmutzung, was nach Expertenmeinung auf dem Indischen Subkontinent besonders problematisch ist. Weiter bedeutet das bereits erwähnte Streben der Menschen nach einer Reduzierung des Risikos, dass die nachteiligen Risiken der Verschlechterung des natürlichen Kapitals stärker gewichtet werden sollten als die entsprechenden Möglichkeiten einer günstigen Entwicklung. Wenn wir also Risikoaversion berücksichtigen, würde das die Schätzungen der umfassenden Investitionen senken. Man kann nicht umhin, den Verdacht zu hegen, dass die Wirtschaftsentwicklung auf dem Indischen Subkontinent während des Zeitraums 1970–2000 nicht nachhaltig war. Das wäre jedoch aus den entsprechenden Zahlen für das Pro-Kopf-BIP und den HDI nicht erkennbar. Ersteres ist in jedem Land gewachsen, letzterer hat sich verbessert.

Umfassende Investitionen in China betrugen 22,7% des BIP, eine sehr große Zahl in der Länderstichprobe der Tabelle. Wachstum der totalen Faktorproduktivität waren hohe 3,6 % jährlich. Die Bevölkerung wuchs mit einer relativ niedrigen Rate von 1,4 % jährlich. Wir sollten daher nicht überrascht sein, dass Chinas Produktionsgrundlage pro Kopf expandierte – und zwar mit 7,8 % jährlich. Das Pro-Kopf-BIP wuchs ebenfalls mit der jährlichen Rate von 7,8 %, der HDI verbesserte sich. In China entwickelten sich das Pro-Kopf-BIP, der HDI und die Produktionsgrundlage parallel zueinander.

Es bedarf kaum eines Kommentars zu Großbritannien und den USA. Beides sind reiche und reife Volkswirtschaften. Die umfassenden Investitionen fielen während des Zeitraums 1970–2000 bescheiden aus, aber auch das Bevölkerungswachstum war niedrig. Das Wachstum der totalen Faktorproduktivität war niedrig. Obwohl die Zahlen implizieren, dass die Produktionsgrundlagen pro Kopf in beiden Ländern expandierten, sollten wir vorsichtig sein, da – wie schon festgestellt – die Weltbank die Kosten der Kohlendioxidemission zu niedrig angesetzt hat. Das Pro-Kopf-BIP stieg in beiden Ländern, und auch der HDI verbesserte sich.

Die soeben analysierten Zahlen sind alle ziemlich provisorisch, sie zeigen aber, welchen wesentlichen Unterschied die Berücksichtigung des natürlichen Kapitals in unseren Vorstellungen über den Entwicklungsprozess machen kann. In der Tabelle habe ich bewusst vorsichtige Annahmen über den Verschleiß des natürlichen Kapitals getroffen. So liegt zum Beispiel ein Preis von 20 $ pro Tonne Kohlendioxid in der Atmosphäre nahezu mit Sicherheit unter seinen wahren sozialen Kosten. Wenn wir stattdessen einen nicht unplausiblen Schattenpreis von 75 $ je

Tonne annehmen, würden alle armen Länder in der Tabelle während der Periode 1970–2000 einen Rückgang ihrer Produktionsgrundlage pro Kopf aufweisen. Die Botschaft, die wir mitnehmen sollten, ist ernüchternd: Während der vergangenen drei Jahrzehnte ist Afrika südlich der Sahara (derzeit Heimat für etwa 750 Millionen Menschen), gemessen an der Produktionsgrundlage pro Kopf, ärmer geworden; und die Wirtschaftsentwicklung auf dem Indischen Subkontinent (heute Heimat für etwa 1,4 Milliarden Menschen) war entweder nicht oder gerade noch nachhaltig. Nichtsdestoweniger wäre es falsch, daraus zu schließen, dass die Menschen in den armen Ländern mehr in ihre Produktionsgrundlagen investieren und dafür weniger hätten konsumieren sollen. Wir haben in diesem Buch immer wieder festgestellt, dass Erzeugung und Verteilung von Waren und Dienstleistungen in Destas Welt höchst ineffizient sind. Es wäre falsch, Konsum und Investitionen in die Produktionsgrundlage im Wettbewerb um eine konstante Menge von Ressourcen zu sehen. Bessere Institutionen würden es den Menschen in Destas Welt ermöglichen, sowohl mehr zu konsumieren als auch zu investieren (natürlich umfassend!).

8 Gesellschaftliche Wohlfahrt und demokratische Regierungen

Während der 1970er Jahre wies der Ökonom Peter Bauer mehrfach darauf hin, dass die Regierungen in den heute armen Ländern, hätten sie ihre Anstrengungen darauf verwendet, was von ihnen erwartet wird – Schutz ihrer Bürger vor externen Gefahren durch Diplomatie, Durchsetzung des Rechts, Bereitstellung öffentlicher Infrastruktur (haltbare Straßen; Häfen; zuverlässige Verwaltung; Trinkwasser- und Energieversorgung) und Gewährleistung der freien Entfaltung der Märkte –, weder Zeit noch Ressourcen gehabt hätten, um ihre Volkswirtschaften schlecht zu managen, indem sie in den Außenhandel eingriffen, begünstigte Industrien subventionierten, landwirtschaftliche Erzeugnisse von den Bauern zu festgelegten Preisen kauften und staatliche Industrien errichteten, die sich dann als Fehlinvestitionen herausstellten. Bauer war ein einsamer Rufer in der Wüste; und obwohl seine Liste der Regierungsverantwortlichkeiten unvollständig war, so zeigte er durch seine Hinweise anderen Entwicklungsexperten, dass die Volkswirtschaftslehre einiges zur Regierungsführung beitragen kann.

Es gibt viele Wege, wie Gesellschaften ihre Chancen verpfuschen können, hingegen gibt es nur wenige, die zu Wohlstand führen. In dieser Monographie begannen wir mit der Bestimmung der Strukturen, in denen Menschen, die sich geeinigt haben, etwas zu tun, einander vertrauen können, dass das gegebene Wort gehalten wird. Wir untersuchten dann zwei Mikroinstitutionen – Haushalte und Unternehmen – und zwei umfassende Institutionen, innerhalb derer Haushalte und Unternehmen interagieren können, nämlich Gemeinschaften und Märkte. Wir sind nun schon nahe dran, ein Gefühl für das Zusammenspiel von Institutionen und politischen Maßnahmen zu entwickeln, die der Entwicklung der Menschen möglichst gedeihlich ist. In diesem Kapitel werden wir die wünschenswerte Motivation, die Reichweite und den Umfang einer Institution analysieren, die in ihrer idealen Ausprägung andere Institutionen ergänzt und übergreifend über diese Institutionen handelt, damit sie gut funktionieren können. Diese Institution ist die Regierung bzw. der Staat.

Freiheit und Demokratie

Die Regierung ist eine Agentur der Bürger eines Staates. Sie ist ihnen gegenüber verantwortlich. (In gegenwärtigen Demokratien bezieht sich der Begriff ›Staats*diener*‹, d. h. Beamter, auf einige der mächtigsten Menschen im Lande.) Wir betrachten heute solche kritischen Bemerkungen als selbstverständlich, doch das war nicht immer so. In seiner (Alfred-)Marshall-Vorlesung aus dem Jahre 1949 kodifizierte der Soziologe T. H. Marshall das moderne Konzept des Bürgertums durch die Identifikation von drei gesellschaftlichen Revolutionen, die in Europa stattfanden: Jene der Bürgerrechte im 18. Jahrhundert, der politischen Freiheit im 19. Jahrhundert und der sozioökonomischen Freiheit im 20. Jahrhundert. Marshalls Darstellung könnte nahelegen, dass ›Freiheit‹ nur für Beckys Welt ein Fetisch ist, was aber ein Fehler wäre. Ich kenne keinerlei Hinweise darauf, dass die Menschen in Destas Welt ihre politischen

Führer nicht wählen wollen oder dass sie es schätzen, von den Behörden aufgefordert zu werden sich zu zerstreuen, wenn sie sich versammeln, um über das Leben im allgemeinen und die öffentlichen Dienstleistungen im Besonderen zu diskutieren. Es ist richtig, dass Intellektuelle hinterfragen, ob arme Länder sich politische Freiheit und Bürgerrechte leisten können – in der Alltagssprache wird der Begriff ›Demokratie‹ häufig so verwendet, dass er beides umfasst –, die Frage hängt jedoch mit der Möglichkeit zusammen, dass Demokratie Wirtschaftswachstum behindert (schlimmer noch, dass sie nicht-nachhaltiges Wirtschaftswachstum begünstigt), etwas, worüber sich Bürger in armen Ländern Gedanken machen sollten, und das völlig zu Recht.

Der Politikwissenschaftler Seymour Martin Lipset traf die berühmte Aussage, dass Wirtschaftswachstum demokratische Verhaltensweisen fördert. Auf das Gegenteil, dass nämlich Demokratie den materiellen Wohlstand fördert, wurde von einer Reihe von Gesellschaftsphilosophen hingewiesen. Demokratie wurde also nicht nur als ein Ziel gesehen, sondern als ein Mittel für wirtschaftlichen Fortschritt. Aufgrund ihrer Präferenz für autokratisches Verhalten stellen sich das die Herrscher in Destas Teil der Welt anders vor. Dass sich in armen Ländern Demokratie und Wirtschaftswachstum geradezu widersprechen, davon sind jene fest überzeugt, die in den derzeit ärmsten Ländern an der Macht sind.

Autoritäre Regierungsformen sind, oberflächlich betrachtet, attraktiv, da sie eine feste politische Amtsführung bieten können. Dass eine Regierung stabil sein soll, wird nicht bezweifelt; die schwierige Frage ist, *worin* sie stabil sein sollte. Rechtsstaatlichkeit ist ein erster Kandidat. Sie ermöglicht unter anderem den Bürgern, ihre Vorhaben und Ziele zu verfolgen. Leider haben in Destas Welt autoritäre Regierungen diese grundlegendste aller staatlichen Pflichten regelmäßig verletzt: Achtung der Rechtsstaatlichkeit. Wir haben bereits früher festgestellt, dass soziale Verhaltensnormen, welche eine Gemeinschaft zusammenhalten, zerfallen können, wenn eine Regierung darauf aus ist, sie zu zerstören. Herrschern war schon lange bewusst, dass Terrorismus ein Mittel ist, mit dem man Beziehungen in einer Gemeinschaft austrocknen kann, um dadurch jede Herausforderung an ihre eigene Macht zu verhindern. In vielen Fällen haben autoritäre Regimes in Destas Welt ihre Macht dadurch aufrechterhalten, dass sie den Bürgern Angst eingeflößt haben. In einem etwas milderen politischen Klima wurden die Bürger durch Vetternwirtschaft und staatliche Korruption in Armut gehalten, während jene, die an der Macht waren, im Überfluss lebten.

Autoritäre Regierungen treten in den verschiedensten Formen auf. Es gibt gegenwärtig autoritäre Regimes, welche die Rechtsstaatlichkeit hochhalten und ihren Bürgern damit materiellen Wohlstand ermöglichen (Singapur ist ein Beispiel). Sie errichteten Kontrollmechanismen in der öffentlichen Verwaltung und korrigieren Fehler in politischen Maßnahmen. Sie sind jedoch die Ausnahme. Und das Problem der Ausnahmen ist, dass sie für die anderen kaum beispielgebend sind. Schließlich kann man von Bürgern weder erwarten, dass sie eine weise autoritäre Regierungsform herbeiführen wollen, noch dass sie ein autoritäres Regime, dessen politische Führung sich als unzuver-

lässig und gierig erwiesen hat, so einfach entfernen können. Andererseits kann auch eine Demokratie wirtschaftlichen Fortschritt nicht garantieren. Was Demokratie kann,
ist den Bürgern die Möglichkeit zu bieten, sich untereinander zu koordinieren – z. B. durch Bürgerbeteiligung
(Kap. 2 und 3) –, um den Staat zur Rechtsstaatlichkeit und
zur Bereitstellung aller anderen notwendigen öffentlichen
Dienstleistungen zu verpflichten, die den Menschen ermöglichen, ihr Leben sinnvoll zu gestalten. Politischer
Pluralismus kann jedoch auch gemeinsam mit bürgerlicher
Verantwortungslosigkeit bestehen, sogar in einem Ausmaß, dass niemand einen Anreiz hat, sich mit letzterer zu
beschäftigen. In der Diktion von Kapitel 2 ist Demokratie
in Verbindung mit einer chaotischen Gesellschaftsordnung ein Gleichgewicht, genauso wie eine Demokratie in
Verbindung mit einer Gesellschaftsordnung, in der die
Menschen anständig miteinander verkehren, ein Gleichgewicht ist. Beides findet sich gegenwärtig näherungsweise
in der Welt.

Statistische Analyse von Daten der letzten vier Dekaden
legen nahe, dass unter den armen Ländern jene, deren
Bürger größere demokratische Rechte genossen, sich
durchschnittlich auch eines höheren Wirtschaftswachstums erfreuten. Korrelation ist nicht Kausalität, aber das
Ergebnis verweist auf die Möglichkeit, dass Demokratie in
armen Ländern kein Luxusgut ist. Andererseits gibt es nur
wenige derartige empirische Studien, wir wissen daher
nicht, wie robust dieses Ergebnis ist. Außerdem hat bisher
niemand untersucht, ob es einen positiven Zusammenhang zwischen Demokratie und dem Wachstum der Pro-
Kopf-Produktionsgrundlage gibt; das bedeutet, dass wir

beim derzeitigen Stand des Wissens nichts über den Zusammenhang zwischen Demokratie und nachhaltiger Entwicklung in unserer Welt aussagen können. Demokratie hat gleichzeitig mehrere Bedeutungen – regelmäßige und faire Wahlen, transparente Regierungsführung, politischer Pluralismus, eine unabhängige Presse, Versammlungsfreiheit, Freiheit zur Beschwerde über den Verfall der Umwelt usw. Wir haben noch immer wenig empirisches Wissen darüber, welche Aspekte am meisten zur nachhaltigen Entwicklung beitragen. Vor diesem Hintergrund kann man eine Verpflichtung zur Demokratie damit begründen, dass sie nachhaltige Entwicklung begünstigt. Wir sollten Demokratie bevorzugen, weil 1. sie in sich eine gute Sache ist und 2. nicht bekannt ist, dass sie wirtschaftlichen Fortschritt behindert, sondern ihn möglicherweise sogar fördert.

Wohlergehen: individuell und gesellschaftlich

Welche Arten gesellschaftlicher Institutionen und welche Typen öffentlicher Politiken bieten den Menschen am ehesten die Möglichkeit, sich zu entfalten? Im Mittelpunkt dieser Frage steht der Begriff des Wohlergehens einer Person, unter dem wir allgemein ausgedrückt das Ausmaß verstehen, in dem eine Person Unabhängigkeit, Entscheidungsfreiheit und Selbstbestimmung verwirklichen kann. Die zentrale Bedeutung gesellschaftlicher Institutionen bei der Verwirklichung des Wohlergehens scheint völlig klar: Das Gesellschaftsleben ist Ausdruck des Gefühls der sozialen Verbundenheit einer Person, und Güter sowie das Fehlen von Zwang sind Mittel, mit denen eine Person ihre eigenen Vorstellungen über das, was für sie gut ist, verwirklichen kann. T. H. Marshalls dreiteilige Klassifikation der Freiheit könnte man so verstehen, dass der Zugang zu Bürgerrechten, zur Möglichkeit der Teilnahme am politischen Leben und zu Gütern (Nahrungsmitteln, Bekleidung, Wohnraum, medizinischer Versorgung, Bildung – also einfach Wohlstand) für die Selbstverwirklichung der Menschen notwendig ist.

Elemente und Bestimmungsgründe

Marshalls Klassifikation kann in kleinere Einzelteile zerlegt werden. Verschiedene Arten der Bürgerrechte, verschiedene Aspekte der Gesundheit usw. sind die wesentlichen Elemente des Wohlergehens. Da Wohlergehen selbst ein Aggregat darstellt, ist die Messung des Wohlergehens einer Person eine Aufgabe der Aggregation, was bedeutet, dass wir Tauschmöglichkeiten zwischen einzelnen Teilen zulassen.

Wir haben auch eine andere Möglichkeit zur Betrachtung des menschlichen Wohlergehens kennengelernt. Sie besteht aus einer Bewertung der Bestimmungsgründe (Determinanten) des Wohlergehens, womit ich die Inputs an Gütern meine, die Wohlergehen erzeugen. Diese Determinanten umfassen nicht nur notwendige Güter wie Ernährung und Wohnen, sondern auch den Zugang zu Wissen und Information. Wir können uns die Elemente und Bestimmungsgründe auch als Ziele bzw. Mittel vorstellen. In der Praxis erweist es sich als zweckmäßig, die Determinanten in eine einzige Zahl zu aggregieren. Im vorigen Kapitel argumentierte ich, dass sich das umfassende Vermögen einer Person als aggregierter Index ihres Wohlergehens eignet.

Bekundete und angegebene Präferenzen

Wie soll man jemandes Wohlergehen schätzen? Es gibt bestimmte Aspekte, die man aus den von den Menschen getroffenen Entscheidungen ablesen kann. Wenn man beobachtet, dass eine Person eine ungewöhnlich große Zahl an Büchern kauft und liest, könnte man sinnvollerweise annehmen, dass ihr Wohlergehen, cet. par, davon abhängt, ob sie Bücher zu lesen hat oder nicht. Diese Art der Schätzung ist als die Methode der ›bekundeten Präferenzen‹ bekannt. Die zugrundeliegende Logik lautet, dass – cet. par. – eine Person ihre Bedürfnisse und Wünsche durch ihre Entscheidungen bekundet, ob auf Märkten oder in Gemeinschaften.

Es gibt jedoch Aspekte des Wohlergehens, die man nur ermitteln kann, indem man die Personen ersucht, sie anzugeben. Das sind jene Fälle, in denen die Determinanten Güter sind, für die Menschen ihre Präferenzen nicht äußern können, da sie dazu keine Möglichkeit haben. Öffentliche Güter und ökologische Dienstleistungen sind Beispiele dafür. Man muss bei der Erstellung von Fragen sehr sorgfältig vorgehen, um das Risiko zu minimieren, dass die Menschen unehrlich antworten. In jüngster Zeit haben Ökonomen schlaue Methoden entwickelt, um sicherzustellen, dass die Menschen ihre Präferenz für solche Güter nicht übertreiben, vor allem, wenn sie dafür nichts zahlen müssen.

Meritorische Güter

Es gibt Aspekte des Wohlergehens, die man objektiv messen kann. Die medizinischen, Ernährungs- und Bildungsbedürfnisse der Menschen werden routinemäßig von Experten ermittelt. Wir können daran zweifeln, dass Experten wissen, worüber sie reden, aber in unserem Innersten wissen wir, dass sie in manchen Aspekten mehr über uns wissen als wir selbst. Der Ökonom Richard Musgrave argumentierte schon vor vielen Jahren, dass es falsch sei, ausschließlich von den bekundeten Präferenzen auf das Wohlergehen zu schließen, da es so etwas wie ›meritorische Güter‹ gibt. Meritorische Güter schützen und fördern die Interessen der Menschen, sie dienen nicht nur zur Befriedigung unserer Bedürfnisse. Meritorische Güter sind daher mehr wert, als durch die Entscheidungen bekundet würde, die die Menschen treffen. Philosophen haben z. B. argumentiert, dass wir nicht versuchen sollten, die Demokratie ausschließlich aus der Intensität ihrer Erwünschtheit zu rechtfertigen, die Menschen für die Demokratie erkennen lassen. Demokratie ist ein meritorisches Gut. Damit zusammenhängend stellen Menschenrechte eine Klasse von meritorischen Gütern dar, von denen Grundrechte eine extreme Erscheinungsform sind, da man mit ihnen nicht handeln kann. Rechte stehen natürlich nicht im Widerspruch zu Präferenzen; sie verstärken sogar einige Präferenzen (wie die Präferenz, keinem Zwang ausgesetzt zu sein) gegen die Ansprüche anderer, weniger dringender oder lebenswichtiger Präferenzen und Interessen.

Es ist auch nicht immer möglich, den Wert der Güter

aus den angegebenen Präferenzen zu erkennen. Zum Teil liegt das an der Möglichkeit, dass Individuen auf Befragung nicht die Wahrheit sagen, teilweise liegt es aber auch an etwas anderem. Es wäre z. B. eher eigenartig zu behaupten, dass in Destas Welt keine Notwendigkeit besteht, in reproduktive Gesundheitsprogramme für Frauen zu investieren, da sich die Frauen in ihr Schicksal gefügt haben und darauf nicht zu bestehen scheinen; oder dass die dortigen Regierungen nicht in das primäre Schulwesen investieren sollten, weil den Eltern Bildung nichts bedeutet und den Kindern auch nicht, weil ihnen die Möglichkeit zur Bildung gar nicht bewusst ist. Ich hörte aber auch noch niemand in diese Richtung argumentieren.

Dennoch ist es empfehlenswert, mit der Kennzeichnung von Gütern als ›meritorisch‹ vorsichtig umzugehen. Eine Begeisterung für den meritorischen Wert von Gütern kann auch Ausdruck von Paternalismus, ja sogar autoritärem Verhalten sein. Der Begriff des ›falschen Bewusstseins‹ wurde sowohl von weltlichen als auch religiösen Tyranneien in Destas Welt verwendet, um deren Handlungen zu rechtfertigen (»Mein Volk weiß nicht, was zu seinem Besten ist«, oder »Meine Anhänger sind zur Auslegung der Heiligen Schrift auf mich angewiesen«). Ganz im Gegensatz dazu wucherten in Beckys Welt die Rechtsansprüche in einem Ausmaß, dass jetzt sogar der Begriff des Rechts entwertet wird. Es ist eine Sache, darauf zu bestehen, dass man darauf beharrt, nicht unbeschränkt ohne Anklage eingesperrt zu bleiben, es ist aber etwas ganz anderes zu behaupten, dass eine 35-Stunden-Woche ein Menschenrecht ist. Letzteres ist ein Übereinkommen, das man am Verhandlungstisch nach einiger Auseinandersetzung erreicht hat; die Ergebnisse solcher Übereinkommen uneingeschränkt als ›Rechte‹ zu bezeichnen, ist jedoch ein Missbrauch dieses Begriffs.

Interpersonelle Aggregation und Evaluierung politischer Maßnahmen

Gesellschaftliches Wohlergehen ist ein Aggregat des individuellen Wohlergehens. Im allgemeinen haben Ökonomen die individuellen Wohlergehen einfach durch Addition aggregiert. Im vorangehenden Kapitel habe ich diesen Standpunkt bezogen, indem ich das gesellschaftliche Wohlergehen durch Summierung über das Wohlergehen der derzeitigen Generation und aller zukünftigen Generationen ermittelt habe, obwohl keinerlei konzeptuelle Vorstellungen von dieser Art der Aggregation abhingen. Wir stellten fest, dass Bewegungen im umfassenden Vermögen über die Dauer der Zeit Veränderungen im Wohlergehen über die Generationen hinweg in Form der materiellen Determinanten des Wohlergehens messen. Diese Determinanten werden mit ihren Schattenpreisen bewertet. Man kann zeigen, dass die Regierung zur Evaluierung politischer Maßnahmen (z. B. einer neuen öffentlichen Investition; einer Änderung der Steuerstruktur) die sich daraus ergebenden Veränderungen in der Zusammensetzung der Waren und Dienstleistungen zu Schattenpreisen bewerten sollte. Solche eine Rechenaufgabe wird als gesellschaftliche Kosten-Nutzen-Analyse bezeichnet. Der Gedanke ist, den (gesellschaftlichen) Gewinn einer politischen Maßnahme mittels Schattenpreisen zu schätzen und die Maßnahme nur (und nur dann) zu empfehlen, wenn

der gesellschaftliche Nettogewinn positiv ist. Schattenpreise bewähren sich daher sowohl bei der Beurteilung
nachhaltiger Entwicklung (Kap. 7) als auch bei der Evaluierung politischer Maßnahmen. Das ist eines dieser hüb-
schen Ergebnisse, welche die Ökonomen glücklicherweise
von Zeit zu Zeit zustande bringen.

Aufgaben des Staates

Heutzutage ist in jeder Wirtschaft der Staat einer der
Hauptakteure. Seine Ausgaben belaufen sich als Anteil am
BIP in Destas Welt auf 18 %, in Beckys Welt auf 28 %. (In
der Europäischen Union beträgt der entsprechende Anteil
37 %.) Diese Zahlen enthalten öffentliche Produktion
(Straßen, Post, Verteidigung, Rechtswesen usw.), Trans-
ferleistungen (Sozialversicherung, Arbeitslosenunterstüt-
zung usw.) und die Bedienung der Staatsschulden. Der
überwiegende Teil dieser Ausgaben wird durch Steuern
finanziert.

Eine bemerkenswerte Aufgabe des Staates ist die Korrektur von Marktversagen. Stabilisierung der Gesamtwirt-
schaft (Kap. 4) ist Teil dieser Verpflichtung. Aber auch Gemeinschaften können versagen. Sowohl Märkte als auch
Gemeinschaften leiden an der Unfähigkeit, angemessene
Mengen öffentlicher Güter anzubieten; der Rechtsstaat,
im Gegensatz zur Beschränkung durch gesellschaftliche
Normen, ist ein prominentes Beispiel dafür. Genauso sind
weder der Markt noch die Gemeinschaften in der Lage, die
Entstehung öffentlicher Ungüter in einem Ausmaß einzu-
schränken, wie es sich die Gesellschaft wünschte. Beide

Institutionen sind nicht frei von Externalitäten, seien es nützliche oder schädliche. Die Rolle des (idealen) Staates ist in jedem Fall von institutionellem Versagen nur allzu klar.

Auch Familien können versagen. Obwohl es aufdringlich erscheinen mag, wenn der Staat in den Bereich der Familie eindringt, so geschieht das in Beckys Welt laufend. Und aus gutem Grund. In Destas Welt werden nicht mehr funktionsfähige Haushalte von der Gemeinschaft beraten; da es hingegen in Beckys Welt häufig keine Gemeinschaft gibt, besteht diese Möglichkeit in ihrem Umfeld nicht. Das ist ein Grund, warum in Beckys Welt staatliche Sozialarbeiter und Berater zugunsten von Kindern gegen Missbrauch durch Erwachsene einschreiten und auch Hilfe zur Verbesserung des Verhaltens aggressiver Kinder anbieten.

Märkte und Gemeinschaften sind zur Bereitstellung von meritorischen Gütern ungeeignet. Einige meritorische Güter sind private Güter (persönliche Gesundheit), einige sind öffentliche Güter (Informationen über mögliche Seuchen), während andere aufgrund von Externalitäten irgendwie dazwischenliegen (Information über die Gefahren des Rauchens). Wenn Transaktionen meritorische Güter umfassen, dann sollten Gemeinschaften und Märkte im Idealfall durch staatliche Maßnahmen ergänzt werden. Der Staat kann das durch Besteuerung von Haushalten und Unternehmen erreichen und meritorische Güter entweder durch eigene Produktion oder durch Subventionierung ihrer Erzeugung im privaten Sektor bereitstellen.

Die sowohl auf den Märkten als auch in Gemeinschaften verwirklichte Allokation der Ressourcen wird durch das von den Haushalten in der Vergangenheit ererbte Vermögen beeinflusst. Eine häufige Klage gegenüber den Märkten betrifft die beträchtlichen Vermögensungleichheiten. In Beckys Welt hat diese Klage besondere Dringlichkeit erhalten, da sich die Kluft zwischen den Reichen und Armen in den letzten Jahrzehnten enorm ausgeweitet hat. So erhielten z. B. in den USA die reichsten 10 % der Haushalte im Jahre 1978 32 % des BIP, im Jahre 1998 war die entsprechende Zahl bereits auf 41 % angestiegen. In Beckys Welt wird auch beklagt, dass Frauen auf den Arbeitsmärkten gegenüber den Männern benachteiligt sind. Wir haben bereits festgestellt, dass auch Gemeinschaften gegenüber jenen brutal sein können, die das Pech hatten, wenig zu erben, und dass sie auch gegenüber Frauen hart sein können. Besucher solcher Gemeinschaften bemerken diese Ungleichheiten möglicherweise gar nicht, was daran liegt, dass in Destas Welt alle Menschen sehr arm sind. Unterschiede im Wohlstand schlagen sich in der Häufigkeit und Qualität ihrer Mahlzeiten nieder, der Kleider, die sie besitzen, der Qualität ihrer Betten und Küchenausstattung und der Haltbarkeit ihrer Häuser (ob sie aus Lehm oder Ziegeln gebaut sind). Und Frauen bleiben oft diskret außer Sicht. Keine dieser Ungleichheiten sind so auffällig wie heutzutage jene in Beckys Welt, wenn jedoch Haushalte hoffnungslos arm sind, dann können kleine Unterschiede über Leben und Tod entscheiden. Deswegen ist es übereilt, gleichzeitig von Gemeinschaften zu schwärmen und auf Märkte zu schimpfen.

Die Verteilung der Waren und Dienstleistungen ist somit eine Aufgabe des Staates. Wenn wir zu T. H. Marshalls dreiteiliger Klassifikation des Wohlergehens zurückkehren, finden wir die interessante Tatsache, dass es für die Menschen heutzutage völlig außer Frage steht, dass jeder die gleichen Bürgerrechte und die gleichen politischen Rechte hat, dass aber derselbe Anspruch hinsichtlich des (umfassenden) Vermögens nicht erhoben wird. Warum? Vielleicht deswegen, weil die Achtung der Bürgerrechte und der politischen Rechte der anderen für niemand direkte Kosten verursacht, dass jedoch die Umverteilung von Vermögen jene etwas kostet, die auf einen Teil ihres Vermögens verzichten müssen. Der Rechtstheoretiker Charles Fried hat festgestellt, dass dem Recht, nicht in verbotener Weise eingeschränkt zu werden, keinerlei natürliche Grenzen gesetzt sind. (»Wenn man mich in Ruhe lässt, dann erhalte ich damit ein Gut, das aus seinem Wesen heraus nicht knapp oder beschränkt erscheint. Wie können Menschen knapp werden, die einander nicht verletzen, einander nicht belügen, einander nicht behelligen?«) Es ist sehr wohl möglich, die Bürgerrechte zu achten, es ist aber vielleicht unmöglich, das Recht auf Gesundheitsversorgung zu gewähren: Eine Volkswirtschaft hat möglicherweise einfach nicht genügend Ressourcen dafür. Der Kernpunkt ist, dass Demokratie im Unterschied zu Vermögen nicht geschaffen, sondern nur geschützt werden muss. Der Ökonom James Mirrlees war der erste, der überzeugend darauf hingewiesen hat, warum wir bei der Diskussion über den Wohlstand sehr wohl die Unterschiede in den individuellen Präferenzen berücksichtigen müssen, die Anreize und die damit einhergehenden Verpflichtungen (Abkommen einhalten, sich nicht opportunistisch verhalten usw.) beachten, die Bedürfnisse der Menschen abwägen und die damit zusammenhängenden Verdienste einbeziehen müssen. Ein zu großer staatlicher Eifer, den Wohlstand durch Steuern und Subventionen anzugleichen, könnte die Anreize der Haushalte, Vermögen zu schaffen, derart verringern, dass die Interessen aller geschädigt werden. Das ist der klassische Zielkonflikt zwischen Gleichheit und Effizienz.

Ein Mittelweg zwischen Markt und Gemeinschaft

Alle Gesellschaften beruhen auf einer Mischung von Märkten und Gemeinschaften. Diese Mischung verändert sich unter wechselnden Umständen, da Menschen immer Möglichkeiten finden, die Vorteile von Zusammenarbeit zu verwirklichen. Dass Gemeinschaften das Funktionieren der Märkte unterstützen, sollte ein Gemeinplatz sein. Kein rechtlicher Vertrag ist absolut wasserdicht. Es gibt immer unvollständige Verträge, unabhängig davon, wie schlau die zu ihrer Abfassung hinzugezogenen Rechtsanwälte sind. Eine Gesellschaft, die gut funktioniert, ist eine Gesellschaft, die ein stillschweigendes Übereinkommen darüber erreicht hat, was vernünftige Erwartungen im Umgang miteinander sind. Gemeinschaften können eine wichtige Rolle bei der Schaffung und Aufrechterhaltung vernünftiger Erwartungen spielen. Sie stellen jene Institution dar, in deren Rahmen die Haushalte miteinander verhandeln können und Informationen über die Qualität der Marktgüter und der öffentlichen Dienste austauschen. Gemeinschaften sind auch der Ort der politischen Debatte. Sie können Märkte und Regierungen zur Ordnung rufen.

Sie können aber die Entstehung von Märkten auch behindern. Wenn die Bindungen sehr eng und stark sind, ist der Ausstieg aus Gemeinschaften mit hohen Kosten verbunden. Jemand, der sich von seinen langfristigen Beziehungen innerhalb seiner Gemeinschaft ›loskaufen‹ möchte und sich woanders auf einem Markt umschauen möchte, könnte das nicht, wenn er dadurch das Risiko einginge, dass die Gemeinschaft an dem von ihm zurückgelassenen Teil der Familie Vergeltung übte. Andererseits könnte ein Wachstum der Märkte Gemeinschaften zerstören und sozial schwache Gruppen schlechterstellen. Wenn Märkte in nahe gelegenen Städten wachsen, ist es wahrscheinlich, dass diejenigen mit schwächeren Bindungen in den Dörfern (junge Männer) das nutzen können und mit den überkommenen Gewohnheiten brechen, die in den herrschenden gesellschaftlichen Normen verankert sind. Personen mit größerer Verbundenheit würden dies bemerken und daraus schließen, dass der erwartete Nutzen aus der Einhaltung der Übereinkommen nun geringer ist (Kap. 2). Auf jeden Fall werden sich die gesellschaftlichen Normen der Gegenseitigkeit abschwächen und bestimmte Gruppen (Frauen, ältere und ganz junge Personen) schlechterstellen. In der von uns hier entwickelten Sprache ausgedrückt: Wenn Menschen sich ihrer Verpflichtungen gegenüber der Gemeinschaft entziehen und auf den Markt begeben, so erzeugt dieser Transfer Externalitäten. Man liest darüber in ökonomischen Kommentaren nicht viel, weil es sich nicht um die üblichen Externalitäten handelt, wie die Zerstörung der lokalen Umwelt durch die Industrie. Es sind aber reale Externalitäten. Es ist eine Aufgabe des Staates, sie zu identifizieren und Möglichkeiten zur Abschwächung ihrer Auswirkungen auf die durch diese Schicksalsschläge Betroffenen zu finden.

In Ländern, in denen der Rechtsstaat nicht gut funktioniert, wo Beamte den öffentlichen Bereich als ihren privaten Herrschaftsbereich betrachten, wo es häufig keine Märkte gibt, halten Gemeinschaften die Menschen am Leben. Deswegen halten manche Intellektuelle sie für eine erstrebenswerte Alternative zu den (unpersönlichen) Märkten. Wir müssen jedoch bedenken, dass gemeinschaftliche Verpflichtungen das Wachstum der Märkte auch behindern können. Darüber hinaus können persönliche Verpflichtungen, die öffentlich Bedienstete aus der Vergangenheit ererbt haben, sie daran hindern, unparteiisch zu handeln. Was in Beckys Welt als Korruption erscheint, könnte in Destas Welt eine gesellschaftliche Verpflichtung sein. Dementsprechend könnte in Beckys Welt ein bürgerlicher Verein des einen für den anderen eine besondere Interessensgruppe sein. Diese Unterschiede in der Wahrnehmung sind der Ausgangspunkt kultureller Auseinandersetzungen, die zu gesellschaftlichen Tragödien geführt haben. In Destas Welt ist es nicht unüblich, dass Gemeinschaften einander feindlich gegenüberstehen, aber sich mit Waffen auf die Straße zu stürzen, hat nicht zu wirtschaftlichem Fortschritt geführt.

Demokratische Abstimmungsregeln

Eine wohlgeordnete Gesellschaft versucht, den Menschen durch Bildung ein Gefühl der Staatsbürgerschaft zu vermitteln. Wenn wir einkaufen gehen, brauchen wir nicht zu wissen, wer was wozu benötigt. Märkte helfen uns in unabsehbarem Ausmaß, Informationskosten zu sparen, und ermöglichen den Bürgern, dass sich keiner bei seinen alltäglichen Geschäften am Markt über den anderen Gedanken machen muss (Kap. 4). Aber selbst ideale Märkte funktionieren nur bei Transaktionen mit privaten Gütern optimal. Bürger sollten sich übereinander im öffentlichen Bereich Gedanken machen, einschließlich der Externalitäten und der Bereitstellung öffentlicher und meritorischer Güter, wie die Verteilung des Vermögens und den Rechtsstaat. Staatsbürgerliches Bewusstsein besteht im Erkennen und der Akzeptanz des Zwiespalts zwischen den privaten und öffentlichen Bereichen unseres Lebens.

Im Alltag hängt der Unterschied zwischen privatem und öffentlichem Bereich von der Reichweite des Staates ab. Die Sorge, die sich eine Person um die Armen einer Gesellschaft in einem Staat macht, der nur die Rechtsstaatlichkeit aufrechterhält und seine Bürger vor ausländischen Aggressoren schützt – ein Minimalstaat –, wird sich von der Sorge unterscheiden, die sie in einem Wohlfahrtsstaat hätte, wie er derzeit in Westeuropa verbreitet ist. Das liegt darin begründet, dass sie in einem Wohlfahrtsstaat zusätzliche Steuern für die Umverteilung zahlen muss, während im Minimalstaat Umverteilung nur durch freiwillige Transfers erreicht werden kann. Sie braucht sich also im Wohlfahrtsstaat keine Sorgen über die Armen zu machen (es ist Aufgabe des Staates, Maßnahmen zur Umverteilung durchzusetzen). Im Gegensatz dazu muss sie im Minimalstaat zugunsten der Armen tätig werden. Da die Wahlmöglichkeiten in den beiden Gesellschaften sehr verschieden sind, wird sie sich ganz unterschiedlich verhalten.

Die Kandidaten, die sich in demokratischen Gesellschaften zur Wahl stellen, vertreten bestimmte politische Maßnahmen. Wenn man daher für eine Kandidatin stimmt, dann stimmt man für eine bestimmte politische Maßnahme, genauer für ein Bündel politischer Maßnahmen. Da politische Maßnahmen die Produktion und Verteilung von Waren und Dienstleistungen beeinflussen – wir wollen sie als ›Ergebnisse‹ bezeichnen –, stimmt man für bestimmte Ergebnisse, wenn man für eine Kandidatin stimmt. Wahrscheinlich unterscheiden sich die Bürger hinsichtlich ihrer Interpretation von gesellschaftlichem Wohlergehen. Wenn das so ist, dann werden die Wähler die Kandidatinnen unterschiedlich reihen und daher unterschiedlich abstimmen. Selbst wenn zwischen den Bürgern nur geringe Meinungsverschiedenheiten über ethische Werte bestehen, so werden sich typischerweise ihre persönlichen Interessen unterscheiden, und es ist sehr wahrscheinlich, dass sie unterschiedlicher Meinung im Hinblick darauf sind, wie bestimmte politische Maßnahmen die Ergebnisse beeinflussen. Daher sind die Bürgerinnen mit dem Problem der Zusammenfassung ihrer Vorstellungen zu einer Gesamtheit konfrontiert. Abstimmungsregeln, die die Auswahl der öffentlichen Entscheidungsträger regeln, aggregieren die ethischen Präferenzen der Staatsbürger. Formal betrachtet ist eine Abstimmungsregel eine Methode zur Auswahl aus einer Menge von Alternativen (z. B. politischer Kandidaten) auf der Grundlage der ›Rangfolgenkonsistenz‹ dieser Alternativen durch die Wähler.

Warum Wähler darauf bestehen sollten,
alle Kandidaten in eine Rangfolge zu bringen

Im Lauf der Jahrhunderte wurden viele Abstimmungsregeln ersonnen – absolute Mehrheit, relative Mehrheit, Abstimmung durch Rangfolgen, Einstimmigkeit, Akklamation, Stichwahl usw. –, deren Vor- und Nachteile nicht immer durch einfache Überprüfung erkennbar sind. Gibt es eine ideale Abstimmungsregel? Wir wenden uns jetzt dieser Frage zu, sollten jedoch festhalten, dass viele nationale Wahlsysteme weit vom Ideal entfernt sind, da die Wähler nur ihren bevorzugten Kandidaten angeben müssen, anstatt dass sie alle bewerten müssten. Das Problem dieser Systeme besteht darin, dass sie Information darüber unterdrücken, wie Wähler Kandidaten in eine Rangfolge bringen, die *nicht* ihre bevorzugten Kandidaten sind. Wenn nur zwei Kandidaten miteinander konkurrieren, so macht diese Einschränkung offensichtlich keinen Unterschied, mit drei oder mehr Kandidaten kann es jedoch von großer Bedeutung sein. Zur Illustration (Abb. 15) nehmen wir an, es gebe drei Kandidaten – A, B, C – und die Wählerschaft bestehe aus drei Gruppen.

Jeder Wähler der ersten Gruppe, die 30 % der Wählerschaft ausmacht, reiht A vor B und B vor C, was wir als (A, B, C) anschreiben werden. Bei der zweiten Gruppe, die 36 % der Wählerschaft umfasst, ist die Rangfolge (B, A, C);

die Rangfolge der verbleibenden 34 % ist (C, A, B). Nehmen wir ein Wahlsystem wie jenes bei den französischen Präsidentenwahlen, dessen Abstimmungsregel besagt, dass dann, wenn kein Kandidat eine absolute Mehrheit erreicht, die beiden Kandidaten mit der größten Zahl an Stimmen in eine Stichwahl kommen. Wir wollen diese Regel als Mehrheits-Stichwahl bezeichnen. In unserem Beispiel würden B bzw. C mit 36 % bzw. 34 % der Erststimmen in die Stichwahl kommen, in der Stichwahl würde B ganz locker gewinnen, da ihn 66 % der Stimmbürger gegenüber C bevorzugen.

Rangfolge der Kandidaten	Wähler, die sich für diese Rangfolge entscheiden (in Prozent)
(A, B, C)	30
(B, A, C)	36
(C, A, B)	34

Siegreicher Kandidat bei:

1. Mehrheits-Stichwahlregel: Kandidat B

2. Einfache Mehrheitsregel: Kandidat A

3. Konsistente Rangfolge: Kandidat A
   (Präferenzregel)

Abb. 15: Ein Vergleich der Abstimmungsregeln

Offensichtlich stimmt irgendetwas mit diesem Ergebnis nicht. Kandidat A verfügt über eine enorme Mehrheit: 64 % der Wähler bevorzugen A gegenüber B und 66 % bevorzugen A gegenüber C. Sicherlich sollte doch A gewählt werden. Die zugrundeliegende Intuition bevorzugt die ›einfache Mehrheitsregel‹, unter der ich eine Regel verstehe, die verlangt, dass die Wähler ihre Reihungen für alle Kandidaten abgeben und dass als Gewinner jener hervorgeht, der jeden Gegner im Direktvergleich auf Grundlage der Präferenzregel schlägt.

Das Problem mit der von mir soeben verwendeten Beweisführung ist ihre Abhängigkeit vom Zahlenbeispiel. In einer anderen Situation bei einer größeren Zahl von Kandidaten und einer größeren Bandbreite von Reihungen durch die Wähler würde vielleicht eine andere Abstimmungsregel als die einfache Mehrheitsregel zu einem intuitiv besser zusagenden Ergebnis führen. Angesichts dessen schiene es wohl am besten, alternative Abstimmungsregeln nach fundamentalen ethischen Grundsätzen zu bewerten, denen jede Abstimmungsregel genügen sollte. Kenneth Arrow hat diesen axiomatischen Ansatz zur Wahltheorie in einer Monographie aus dem Jahre 1951 begründet, die noch heute als eines der größten Meisterwerke der Human- und Sozialwissenschaften gilt. Im folgenden wende ich mich einer Reihe von ethischen Prinzipien zu, die – obwohl sie nicht exakt jene sind, die Arrow untersuchte – in unserem Zusammenhang gleichwertig sind.

Die Unmöglichkeit einer ethisch idealen Abstimmungsregel

Um welche ethischen Grundsätze handelt es sich? Einer wäre das ›Konsensprinzip‹, das besagt, dass dann, wenn nach Meinung aller Kandidat A besser ist als Kandidat B,

Kandidat B nicht gewählt werden sollte. Ein anderer wichtiger Grundsatz hält fest, dass jeder Wähler gleich viel zählen sollte, was in den Grundsatz ›Ein Wähler, eine Stimme‹ oder das ›Prinzip der Gleichbehandlung‹ übersetzt werden kann. Ökonomen bezeichnen das als das Prinzip der ›Anonymität‹, denn es verlangt ausdrücklich, dass der Einfluss auf eine Wahl unabhängig davon sein sollte, wer man ist.

Ein dritter Grundsatz wurde ›Neutralität‹ genannt. Er besteht aus zwei Komponenten. Die erste Komponente verlangt, dass die Abstimmungsregel nicht zugunsten irgendeines Kandidaten (schon gar nicht des derzeitigen Amtsinhabers!) verzerrt sein sollte. Die zweite Komponente verlangt, dass der Mechanismus der Abstimmungsregel für die Entscheidung zwischen A und B nicht von der Wählermeinung über einen dritten Kandidaten C abhängen sollte. Die erste Komponente ist im gegenwärtigen Zusammenhang sicherlich ansprechend, weil die zu wählenden Alternativen Kandidaten sind. (In anderem Zusammenhang, wie z. B. bei einer Veränderung der amerikanischen Verfassung, ist diese Bedingung verletzt, da der Status quo (die Verfassung) gegenüber allen anderen Alternativen bevorzugt wird.) Um die Macht der zweiten Komponente zu erkennen, sehen wir uns die Regel der Abstimmung mit Rangfolgenkonsistenz an. Nach dieser Regel geben z. B. bei drei Kandidaten die Wähler dem bevorzugten drei Punkte, dem nächsten zwei Punkte und dem am wenigsten bevorzugten einen Punkt. Nach dieser Regel werden die Kandidaten entsprechend der erhaltenen Gesamtpunkte in eine Rangfolge gebracht. Man kann leicht erkennen, dass die Regel ›Abstimmung nach Rangfolge‹ die Grundsätze des Konsens und der Anonymität erfüllte. Sie gerät jedoch mit dem Neutralitätsprinzip in Konflikt. Um zu verstehen wie, nehmen wir an, dass es in dem soeben analysierten Zahlenbeispiel 100 Wähler gibt. Wenn bei der Wahl die Regel ›Abstimmung durch Rangfolge‹ eingesetzt wird, würde Kandidat A 230 Punkte erhalten ($30 \times 3 + 36 \times 2 + 34 \times 2$); B würde 202 Punkte ($30 \times 2 + 36 \times 3 + 34 \times 1$) erhalten und C 168 Punkte ($30 \times 1 + 36 \times 1 + 34 \times 3$). Daraus folgt, dass unter der Regel ›Abstimmung nach Rangfolge‹ A vor B und B vor C gereiht würden. Nehmen wir nun an, dass die 36 Wähler, die bis jetzt die Kandidaten (B, A, C) gereiht haben, es sich anders überlegen und nun die Kandidaten (B, C, A) reihen. A würde jetzt 194 Punkte ($30 \times 3 + 36 \times 1 + 34 \times 2$) erreichen, B würde weiterhin 202 Punkte ($30 \times 2 + 36 \times 3 + 34 \times 1$) erhalten und C nun 204 Punkte ($30 \times 1 + 36 \times 2 + 34 \times 3$). Die Kandidaten würden nun C vor B und B vor A platziert werden. Man beachte jedoch, dass 36 Wähler ihre Meinung nur über die relativen Vorzüge von A und C geändert haben: Kandidat B blieb ihr Favorit. Dennoch änderte die Regel ›Abstimmung nach Rangfolge‹ die relativen Platzierungen von B und C. Das zeigt, dass nicht garantiert werden kann, dass diese Regel die zweite Komponente des Neutralitätsprinzips erfüllt.

Im Gegensatz dazu erfüllt die einfache Mehrheitsregel das Konsensprinzip, Anonymität und Neutralität, unabhängig von der Rangfolgenordnung der Kandidaten durch die Wähler. Leider gerät diese Regel mit einem vierten Prinzip in Konflikt: ›Transitivität‹. Transitivität erfordert, dass dann, wenn eine Regel Kandidat A vor Kandidat B reiht und Kandidat B vor Kandidat C, Kandidat A vor C platziert werden sollte. Um zu bestätigen, dass die einfache Mehrheitsregel nicht immer transitiv ist, nehmen wir die soeben diskutierte Situation, in der 30 % der Wählerschaft die Kandidaten A, B und C als (A, B, C) reihen, 36 % als (B, C, A) und 34 % als (C, A, B). Nach der einfachen Mehrheitsregel wird dann A vor B stehen, weil 64 % der Wähler A vor B platzieren, und B vor C, weil 66 % der Wähler B vor C platzieren. Transitivität besagt, dass dann die Regel auch A vor C reihen sollte. Es reihen jedoch 70 % der Wähler C vor A, was bedeutet, dass die einfache Mehrheitsregel C vor A stellen muss. Wir haben damit einen Widerspruch, eine Möglichkeit, die bereits im späten 18. Jahrhundert vom Marquis de Condorcet erkannt wurde. Das Beispiel ist daher in der ökonomischen Literatur als das Condorcet-Paradoxon bekannt.

Ist das reine Theorie, oder wird Transitivität durch die einfache Mehrheitsregel auch in der Realität verletzt? Politikwissenschaftler haben diese Frage durch eine Analyse von Entscheidungen im amerikanischen Kongress untersucht. Um zu verstehen, wie sie bei ihrer Untersuchung vorgegangen sind, kehren wir zum obigen Beispiel zurück, nur bezeichnen wir die Alternativen jetzt als Gesetzesvorschläge im US-Kongress. Nehmen wir an, A ist das im Kongress vorgeschlagene Gesetz, und B und C sind Änderungsvorschläge zu diesem Gesetzesvorschlag. Weiter nehmen wir an, dass anstelle einer Rangfolgenbildung der drei Alternativen durch die Mitglieder des Kongresses die Regel erfordert, dass zuerst über A gegen B und dann der Gewinner gegen C abgestimmt wird. Bei einfacher Mehrheitsregel würde A die erste Abstimmung gewinnen (64 % der Kongressmitglieder bevorzugen A vor B); in der zweiten Runde würde C den Vorschlag A schlagen (70 % bevorzugen C vor A). Nehmen wir nun an, dass die Mitglieder des Kongresses zuerst zwischen A und C abstimmen müssen und dann zwischen dem Gewinner dieser Abstimmung und B. Unter einfacher Mehrheitsregel würde C die erste Abstimmung gewinnen (70 % bevorzugen C vor A), in der zweiten Runde würde jedoch B den Vorschlag C schlagen (wie erinnerlich: 66 % bevorzugen B vor C). Das Ergebnis hängt somit von der Reihenfolge ab, in der die Alternativen den Wählern vorgeschlagen werden: die Tagesordnung ist wichtig! Man kann leicht überprüfen, dass in jenen Fällen, in denen die Abstimmungsregel die Forderung nach Transitivität erfüllt, die Reihenfolge der Tagesordnung keine Rolle spielen würde. Politikwissenschaftler, die die Abstimmungsergebnisse im amerikanischen Kongress untersuchten, haben herausgefunden, dass die Tagesordnung bisweilen von Bedeutung ist. In diesen Fällen ist das ein Zeichen dafür, dass durch die Abstimmungsregel das Prinzip der Transitivität verletzt ist.

Die einfache Mehrheitsregel und die Regel ›Abstimmung nach Rangfolge‹ sind lediglich zwei Abstimmungsregeln. Die Frage stellt sich, ob man sich auf irgendeine Abstimmungsregel verlassen kann, das Konsensprinzip, Anonymität, Neutralität und Transitivität zu erfüllen, unabhängig davon, wie die Wähler die Kandidaten gerade reihen. Arrows ›Unmöglichkeitstheorem‹ besagt, dass bei mehr als zwei Alternativen die Antwort »nein« ist. Das Theorem sagt aus, dass bei drei oder mehr Alternativen, *jede* Abstimmungsregel bisweilen zumindest einen der vier ethischen Grundsätze verletzt. (Wenn es nur zwei Alternativen gibt, ist Arrows Theorem nicht anwendbar. So erfüllt z. B. die einfache Mehrheitsregel alle vier ethischen Prinzipien unabhängig von den Präferenzen der Wähler. Transitivität kommt nicht zum Tragen, weil dieses Kriterium nur in Kraft tritt, wenn es drei oder mehr Alternativen gibt.)

Das Ergebnis ist gleichzeitig scharfsinnig und deprimierend. Es gibt keinen Ausweg aus diesem Dilemma, als eines der vier Prinzipien fallenzulassen. Von allen vier Grundsätzen wurde das Neutralitätsprinzip am eingehendsten von Ökonomen durchleuchtet. Das Prinzip hält fest, dass eine Abstimmungsregel ausschließlich Information über die Rangfolgenbildung der Kandidaten durch die Wähler verwenden darf. Es hat jedoch noch niemand gezeigt, welche zusätzlichen Informationen in der Wahlzelle ohne Gefährdung des Abstimmungsprozesses zulässig wären. Vergleiche zwischen den ethischen ›Gefühlen‹ der Wähler? Das würde zweifellos das Neutralitätsprinzip verletzen und einen Ausweg aus Arrows Paradoxon bieten, wer sollte jedoch diese Vergleiche anstellen und warum sollte man der Person vertrauen, die die Vergleiche anstellt? Es scheint mir, als müssten wir mit Arrows Theorem leben und versuchen, das beste daraus zu machen. Wir könnten sagen, dass eine Abstimmungsregel für eine Gruppe von Rangfolgen der Kandidaten gut funktioniert, wenn sie dann alle vier ethischen Axiome erfüllt, wenn alle Rangfolgen der Wähler zu dieser Gruppe gehören. Man kann zeigen, dass dann, wenn eine Abstimmungsregel gut funktioniert, das auch für die einfache Mehrheitsregel gilt. Weiter funktioniert die einfache Mehrheitsregel auch dann noch gut, wenn das einige andere Abstimmungsregeln nicht mehr tun. Trotz Condorcets Paradoxon scheint die einfache Abstimmungsregel die robusteste aller Abstimmungsregeln zu sein. Ein Kompromiss, der sich anbietet, ist die einfache Mehrheitsregel anzuwenden, jedoch mit dem Vorbehalt, dass dann, wenn in einer Wahl kein Kandidat gegenüber allen Opponenten eine einfache Mehrheit erhält, unter denen, welche die meisten Gegenkandidaten im direkten Vergleich besiegen, derjenige mit der höchsten Punktezahl in der Rangfolge der Gewinner ist.

Genauso wie ein Kreis nicht zum Quadrat gemacht werden kann, bestehen keine idealen Abstimmungsregeln, sind ideale Märkte ein hübscher Mythos und können ideale Regierungen nicht herbeigezaubert werden, da Regierungen aus Menschen bestehen. Wenn das alles übermäßig depressiv klingt, so sollten wir festhalten, dass die menschlichen Verluste, die wir um uns beobachten, nicht auf diese analytischen Schwierigkeiten zurückzuführen sind. Verkümmerte und verschwendete Menschenleben werden nicht durch die ›Unmöglichkeitstheoreme‹ verursacht, über die ich in diesem Buch geschrieben habe. Sie entstehen daraus, dass Menschen noch immer lernen müssen, miteinander zu leben.

Epilog

Ich habe Beckys und Destas Erfahrung verwendet, um Ihnen zu zeigen, wieso das Leben von zwei durchaus sehr ähnlichen Personen sich so unterschiedlich entwickeln und auch so verschieden bleiben kann. Desta lebt in Armut. In ihrer Welt ist die Ernährung der Menschen nicht gesichert, die Menschen haben kaum Vermögen, sie verkümmern, ihr Leben ist verschwendet, sie leben nicht lange, können nicht lesen und schreiben, haben kein Selbstvertrauen, können sich nur schlecht gegen Ernteausfälle und häusliches Unglück versichern, haben keine Kontrolle über ihr eigenes Leben und leben in einer ungesunden Umwelt. Jeder einzelne Mangel verstärkt die anderen, so dass die Produktivität der Arbeit, der Ideen, des produzierten Kapitals sowie des Bodens und der natürlichen Ressourcen sehr niedrig ist und auch niedrig bleibt. Destas Leben ist jeden Tag mit Problemen belastet.

Becky leidet unter keinem dieser Mängel. Sie sieht sich dem gegenüber, was in ihrer Gesellschaft Herausforderungen genannt wird. In ihrer Welt ist die Produktivität der Arbeit, der Ideen, des produzierten Kapitals sowie des Bodens und der natürlichen Ressourcen sehr hoch und steigt ständig. Erfolg bei der Bewältigung jeder Herausforderung verstärkt die Aussichten auf Erfolg bei der Bewältigung weiterer Herausforderungen.

Wir haben jedoch erkannt, dass es trotz der gewaltigen Unterschiede im Leben von Becky und Desta eine einheitliche Betrachtungsweise gibt und dass die Wirtschaftswissenschaft eine unentbehrliche Sprache zu ihrer Analyse bietet. Es stellt zweifellos eine Versuchung dar zu verkünden, dass die wesentlichen Dinge im Leben nicht auf die Ökonomie reduziert werden können, aber ich hoffe, Sie überzeugt zu haben, dass ökonomische Argumentation unentbehrlich ist, wenn wir die verwirrende und vielfältige Art und Weise verstehen wollen, auf die Menschen in dieser Welt ihr Leben gestalten möchten. Es ist zu erwarten, dass einige dabei erfolgreich sein, andere versagen werden. Die Volkswirtschaftslehre zeigt uns, dass weder persönliches Versagen noch persönlicher Erfolg zur Gänze eine Angelegenheit von persönlicher Anstrengung und Glück ist. Erfolg und Versagen liegen an der Kreuzung des Persönlichen und des Gesellschaftlichen. Natürlich ist das einfach gesagt, aber die Zusammenhänge aufzudecken, wie sich das Persönliche und das Gesellschaftliche gegenseitig beeinflussen, ist äußerst schwierig. Ich habe versucht zu zeigen, dass diese Aufgabe dennoch bewältigt werden kann und dass ohne Verständnis dieser Zusammenhänge Debatten über nationale und internationale Politiken fruchtlos sind.

Ich widerstehe der Versuchung, eine Liste der materiellen Dinge aufzustellen, die Desta braucht, zum Teil weil sie allzu offensichtlich sind, zum Teil aber auch, weil sie nur zur Befriedigung naheliegender Bedürfnisse dienen. Dass Beckys Welt keine Hindernisse für Destas Welt aufbauen sollte (durch Beschränkungen des Handels, inländische Subventionen der Landwirtschaft usw.), ist ebenfalls offensichtlich und naheliegend. Was weder offensichtlich noch naheliegend ist – der schwer fassbare Vogel, den wir alle für Desta fangen möchten –, ist, für ihre Gemeinschaften herauszufinden, wie man neue Wege zur Durchführung von Geschäften gestalten könnte, um ihr umfassendes Wohlergehen zu erhöhen.

In einer bewegenden Rede auf der Plenarsitzung der Päpstlichen Akademie der Sozialwissenschaften im Vatikan über das Wesen der Armut hat Richter Nicholas McNally aus Zimbabwe im Jahre 2001 uns alle dazu aufgefordert, Armut als eine Art schicksalshafter Ergebenheit in eine zunehmende wirtschaftliche Not in einer sich wandelnden und anderswo häufig sehr fortschrittlichen Welt zu verstehen. Auf derselben Konferenz hat der Politikwissenschaftler Wilfrido Villacorta vorgeschlagen, dass die Anwendung des Begriffs ›arm‹ auf Länder möglicherweise nicht mehr besonders brauchbar ist; dass Länder vielleicht eher hinsichtlich dessen, was wir ›progressiv‹ nennen könnten, eingeteilt werden sollten, so dass wir dann hinterfragen können, ob sie über Institutionen, politische Maßnahmen und staatsbürgerliche Einstellungen verfügen, die es den Menschen ermöglichen, ihr Los zu verbessern. Vielleicht ist das beste, was Beckys Welt für Destas Welt leisten kann, finanzielle und technische Hilfe anzubieten, um lokale Unternehmen zu fördern und zu unterstützen – einschließlich jener der Bildung und Gesundheitsversorgung –, welche zu gründen die Menschen dort eifrig bestrebt sind, selbst wenn sie aus der Entfernung beobachtet haben, wie Menschen an anderen Orten ihre Lebensbedingungen verbessern konnten. Und vielleicht ist es das beste, was Destas Welt für Beckys Welt tun kann, sie auf die enormen Belastungen hinzuweisen, die das Wirtschaftswachstum der Natur auferlegt hat. Es gibt, leider, kein Wundermittel, um wirtschaftlichen Fortschritt in jeder der beiden Welten herbeizuführen.

Abkürzungsverzeichnis

AG	Aktiengesellschaft
BIP	Bruttoinlandsprodukt
cet. par.	*ceteris paribus* (bei Konstanz aller/s anderen)
CPR	*Common Property Resource* (im Gemeinbesitz befindliche Ressource)
F&E	Forschung und Entwicklung
HDI	*Human Development Index* (Index des menschlichen Entwicklungsstandes)
IPCC	*International Panel on Climate Change* (Internationaler Ausschuss für den Klimawandel)
kcal	Kilokalorien
ppm	*parts per million* (Teile pro Million)
TFR	*Total Fertility Rate* (Gesamtgeburtenrate)
UNDP	*United Nations Development Program* (Entwicklungsprogramm der Vereinten Nationen)

Zum Autor

Partha Dasgupta ist Frank Ramsey Professor für Wirtschaftswissenschaften an der Universität Cambridge und Fellow des St. John's College, Cambridge. Er ist Fellow der British Academy, der Royal Society, Mitglied der Päpstlichen Akademie der Sozialwissenschaften, Auswärtiges Mitglied der US National Academy of Sciences und ehemaliger Präsident der Royal Economic Society sowie der European Economic Association. 2002 wurde Professor Dasgupta für seine Verdienste auf dem Gebiet der Wirtschaft von Königin Elisabeth II. in ihrer Geburtstags-Ehrenliste zum Ritter ernannt.

Weiterführende Literatur

Vorwort

Political Economy von Edmund Phelps (New York [u. a.] 1985) und *Volkswirtschaftslehre* von Joseph E. Stiglitz und Carl E. Walsh (2 Bde., München [u. a.] 2008) sind ausgezeichnete Einführungslehrbücher.

Kapitel 1

Zum Wirtschaftswachstum siehe *The Mystery of Economic Growth* von Elhanan Helpman (Cambridge [Mass.] [u. a.] 2004).

Kapitel 2

Zum Vertrauen siehe *Trust: Making and Breaking Cooperative Relations*, hrsg. von Diego Gambetta (Oxford [u. a.] 1988) und *Social Capital: A Multifaceted Perspective*, hrsg. von Partha Dasgupta und Ismail Serageldin (Washington 2000). Gute Einführungen zur Spieltheorie sind *Fun and Games* von Ken Binmore (Lexington [Mass.] [u. a.] 1992) und *Games, Strategies, and Managers* von John Mcmillan (New York [u. a.] 1992).

Kapitel 3

An Inquiry into Well-Being and Destitution von Partha Dasgupta (Oxford 1993) bietet eine detaillierte Darstellung der Gemeinschaften.

Kapitel 4

Zu Märkten siehe *Microeconomic Theory and Applications* von Edgar K. Browning und Mark A. Zupan (Reading [Mass.] [u. a.] 1998). Zu den makroökonomischen Konsequenzen des Marktversagens siehe *Makroökonomik* von N. Gregory Mankiw (5., überarb. Aufl., Stuttgart 2003).

Kapitel 5

Zur Ökonomie des Wissens siehe die Aufsätze in *The Economics of Science and Innovation*, hrsg. von Paula Stephan und David Audretsch (Cheltenham [u. a.] 2000).

Kapitel 6

Zu Haushalten siehe *A Treatise on the Family* von Gary S. Becker (Cambridge [Mass.] [u. a.] 1981).

Kapitel 7

Zur Ökonomie des natürlichen Kapitals siehe *Human Well-Being and the Natural Environment* von Partha Dasgupta (Oxford [u. a.] 2001).

Kapitel 8

Zur Rolle des Staates siehe *Economics of the Public Sector* von Joseph E. Stiglitz (New York [u. a.] ³2000; dt.: *Finanzwissenschaft*, ins Dt. übertr. und teilw. auf Verhältnisse in der Bundesrepublik Deutschland eingerichtet von Bruno Schönfelder, München [u. a.] 1989). Der Klassiker über kollektive Entscheidungen ist *Social Choice and Individual Value* von Kenneth J. Arrow (New York 1951, ²1963). *Collective Choice and Social Welfare* von Amartya Sen (Amsterdam [u. a.] 1979) enthält eine umfassende Diskussion kollektiver Entscheidungen und ihrer Bedeutung im gesellschaftlichen Zusammenleben. Die Darstellung in Kapitel 8 wurde dem Aufsatz »The Fairest Vote of All« von Partha Dasgupta und Eric Maskin in *Scientific American* (März 2004) entnommen.

Ich habe keine Darstellung der Geschichte meines Faches aufgenommen, da ich in diesem Bereich unerfahren bin. Jene Leser, die sich über die Geschichte des ökonomischen Denkens informieren wollen, sollten *Epochs of Economic Theory* von Amiya K. Dasgupta (Oxford [u. a.] 1985) studieren.